Von der Aufruhrsteuer bis zum Zehnten

Reiner Sahm

Von der Aufruhrsteuer bis zum Zehnten

Fiskalische Raffinessen
aus 5000 Jahren

3., durchgesehene Auflage

Reiner Sahm
Berlin, Deutschland

ISBN 978-3-658-39377-9   ISBN 978-3-658-39378-6   (eBook)
https://doi.org/10.1007/978-3-658-39378-6

Die Deutsche Nationalbibliothek verzeichnet diese Publikation in der Deutschen Nationalbibliografie; detaillierte bibliografische Daten sind im Internet über http://dnb.d-nb.de abrufbar.

© Springer Fachmedien Wiesbaden GmbH, ein Teil von Springer Nature 2014, 2018, 2022
Das Werk einschließlich aller seiner Teile ist urheberrechtlich geschützt. Jede Verwertung, die nicht ausdrücklich vom Urheberrechtsgesetz zugelassen ist, bedarf der vorherigen Zustimmung des Verlags. Das gilt insbesondere für Vervielfältigungen, Bearbeitungen, Übersetzungen, Mikroverfilmungen und die Einspeicherung und Verarbeitung in elektronischen Systemen.
Die Wiedergabe von allgemein beschreibenden Bezeichnungen, Marken, Unternehmensnamen etc. in diesem Werk bedeutet nicht, dass diese frei durch jedermann benutzt werden dürfen. Die Berechtigung zur Benutzung unterliegt, auch ohne gesonderten Hinweis hierzu, den Regeln des Markenrechts. Die Rechte des jeweiligen Zeicheninhabers sind zu beachten.
Der Verlag, die Autoren und die Herausgeber gehen davon aus, dass die Angaben und Informationen in diesem Werk zum Zeitpunkt der Veröffentlichung vollständig und korrekt sind. Weder der Verlag, noch die Autoren oder die Herausgeber übernehmen, ausdrücklich oder implizit, Gewähr für den Inhalt des Werkes, etwaige Fehler oder Äußerungen. Der Verlag bleibt im Hinblick auf geografische Zuordnungen und Gebietsbezeichnungen in veröffentlichten Karten und Institutionsadressen neutral.

Lektorat: Irene Buttkus
Layout: Peter Mühlfriedel
Titelbild: Marinus van Reymerswaele (1490-1546) „Zwei Steuereinnehmer" [Public domain], via Wikimedia Commons
Springer ist ein Imprint der eingetragenen Gesellschaft Springer Fachmedien Wiesbaden GmbH und ist ein Teil von Springer Nature.
Die Anschrift der Gesellschaft ist: Abraham-Lincoln-Str. 46, 65189 Wiesbaden, Germany

VORBEMERKUNG

Die 5000-jährige Geschichte des Steuerwesens ist voller fiskalischer Raffinessen beim Bestreben staatlicher Institutionen, Herrscher oder Gemeinwesen, ihren Bedarf an Arbeits-, Sach- und Geldleistungen von Untertanen oder Bürgern einzufordern. Zu derartigen Raffinessen kam es vornehmlich in Zeiten ökonomischer Bedrängnis im Gefolge kriegerischer Auseinandersetzungen, luxuriöser Ansprüche der Herrschenden sowie finanzieller Fehlleistungen des Gemeinwesens.

Manche muteten absonderlich oder gar absurd an. Bartsteuer, Fenstersteuer, Galgensteuer, Hexengeld, Hochzeitssteuer, Luftsäulensteuer, Nachtigallensteuer, Seelensteuer, Spatzensteuer, Ungläubigensteuer, Urinsteuer – all dies waren irrwitzige Steuern, über die man – sofern man davon nicht betroffen ist – lächeln kann. Durch derart absonderliche Steuern wurden zumeist ohnehin Bedürftige belastet und es nimmt nicht wunder, dass die Betroffenen versuchten, sich ihnen listenreich zu entziehen oder diese notfalls gewaltsam abzuwehren.

Leid und Elend haben absurde Steuern hervorgerufen, die in erster Linie zur Ausplünderung der Menschen führten und der Staatsbereicherung dienten. Darunter waren sowohl diskriminierende Lenkungs- als auch Kriegssteuern, die die Untertanen in ohnmächtige Verzweiflung getrieben haben.

Aber nicht nur die absonderlichen und abwegigen Steuern führten seit 5000 Jahren den Kerngedanken des Steuerrechts ins Absurde, sondern zugleich auch die sogenannten Reformen im Steuerwesen. Dazu äußerte sich schon der römische SENATOR CASPARIUS sarkastisch zur „Steuerreform" des Finanzministers SCAEFARIUS unter Kaiser HADRIAN (76 - 138): „*Zu loben ist diese deine Steuerreform vor allen Steuerreformen, die da waren, sind oder kommen werden. Sie ist modern, gerecht, erleichternd und kunstvoll. Modern, weil jede der alten Steuern einen neuen Namen trägt. Gerecht, weil sie alle Bürger des Römischen Reiches gleich benachteiligt. Erleichternd, weil sie keinem Steuerzahler*

VORBEMERKUNG

mehr einen vollen Beutel lässt. Kunstvoll, weil in vielen Worten versteckt wird, ... dem Bürger zu nehmen, was des Bürgers ist." (Lang, Joachim / Eilfurt, Michael 2013, S.3)

In Deutschland haben „Steuerreformen" die Komplexität der Steuergesetze stets erhöht und zur „Chaotisierung des Steuerrechts" geführt wie Friedrich Merz, der Finanzpolitiker der CDU, einmal feststellte. Das Steuerrecht ist, so die Deutsche Steuergewerkschaft, zu einem „unbeherrschbaren Monstrum verkümmert". So kommt es, dass Laien eine „Dummensteuer" bezahlen, da sie ohne steuerliche Beratung nicht in der Lage sind, die Lücken und Privilegien der Steuergesetze zu nutzen.

CYRIL NORTHCOTE PARKINSON (1909 – 1993) - der Entdecker der nach ihm benannten Parkinson Gesetze – fasste das Geschehen im Steuerwesen einmal etwa wie folgt zusammen: *Wer sich die Mühe macht, die Geschichte des Steuerwesens wirklich gründlich zu studieren, wird sich am Ende ganz gewiss darüber wundern, wie die menschliche Zivilisation das alles überleben konnte.*

Da die Steuermoral der Bundesbürger wesentlich von dem Zustand des deutschen Steuerrechts bestimmt wird, geht es darum, Lehren aus der Geschichte zu ziehen und seinen Politikern und Bürgern einen Spiegel vorzuhalten; denn, „*wer nichts verändern will, wird auch das verlieren, was er bewahren möchte*" (GUSTAV HEINEMANN, 1899 – 1976).

Es ist daher sehr aufschlussreich, einmal den fiskalischen Raffinessen der Obrigkeiten in der Steuergeschichte nachzugehen. Dazu werden besonders markante Fälle unter ihrer historischen Bezeichnung in alphabetischer Reihenfolge aufgeführt und knapp erläutert.

REINER SAHM
Berlin, den 31. Juli 2022

INHALTSVERZEICHNIS

Vorbemerkung	5
Ablass	10
Ämterkauf	10
Abzugsgeld	11
Anzugsgeld	11
Armensteuer	11
Aufruhrsteuer	12
Ausplünderung/ Tributleistungen	12
Bartsteuer	14
Begräbnissteuer	14
Beichtpfennig	16
Bettensteuer	16
Böser Pfennig	18
Census	20
Dachsteuer	22
Dehem	23
Diskriminierende Lenkungssteuern	23
Dummensteuer	24
Erntesteuer	26
Fahrradsteuer	28
Feld- Und Tierzehnt	29
Fenster- Und Türsteuer	29
Fräuleinsteuer	30
Galgensteuer	32

Hagestolzsteuer	34
Henkergeld	34
Herdsteuer/Fenstersteuer	35
Herrenzehnt	35
Hexengeld	36
Hochzeitssteuer	36
Huldigungssteuer	36
Hundesteuer	37
Inflation	40
Judenbeegräbnisgeld	42
Judenheiratsabgabe	42
Judenschutzgeld	43
Judensteuern	43
Judenvermögensabgabe	44
Kaffeesteuer	48
Kaiserkrönungssteuer	49
kalendersteuer / Zeitungssteuer	49
Kartoffelzehnt	50
Kindtaufensteuer	51
Klassensteuer	51
Knabensteuer	52
Kopfsteuer / Poll Tax	52
Kreuzzugssteuer	53
Kriegsgeld	55
Kriegsabgabe für Vermögenszuwächse	58
Kriegsbeitrag	57
Kriegsgewinnsteuer	57
Kriegssteuer	58

INHALTSVERZEICHNIS

LÄMMERZEHNT 62
LATERNENGELD 62
LATRINENSTEUER 62
LEIBZOLL 63
LICHTERZÜNDUNGS-
    AUFSCHLAG 64
LUFTGEBÜHR 64
LUFTSÄULENSTEUER 65
LUXUSSTEUERN 65

MAHL UND SCHLACHT-
    STEUER 68
MORDSTEUER 68
MUSIKINSTRUMENTEN-
    STEUER 68

NACHTIGALLENSTEUER 72
NACHTSTEUER 72

PAPIERSTEUER/ZEITUNGS-
    STEMPELSTEUER 74
PAULETTE 74
PERÜCKENSTEUER 75
PETERSPFENNIG 77
PFENNIG, GEMEINER 77
PORZELLANZWANGS-
    ABNAHME 78
PRINZESSINNENSTEUER 78

REBELLIONSSTEUER 80
REICHSFLUCHTSTEUER 80
REICHSNOTOPFER 81
REPEALSTEUER 82
RÖMERMONATE 82

SALADINSZEHNT 84

SALZSTEUER 84
SALZMONOPOL 85
SCHAUFENSTERSTEUER 87
SCHAUMWEINSTEUER
    (»SEKTSTUER«) 87
SCHIFFSGELD 87
SEELENSTEUER 88
SOLIDARITÄTSZUSCHLAG
    (»SOLI«) 89
SPATZENSTEUER 90
STEMPELSTEUER 91
STEUERPRIVILEGIEN 93
STEUERREFORM 93
STEUERSÄUMIGKEIT 95
STEUERSYSTEM 96

TABAKSTEUER 98
TATARENSTEUER 98
TAUBENSCHLAGSTEUER 98
TEESTEUER 99
TEMPELSTEUER 100
TODFALL 101
TÜRKENSTEUER 102

UNGLÄUBIGENSTEUER 104

WALLFAHRTSTEUER 106
WARENHAUSSTEUER 106
WEHRBEITRAG 106
WEHRSTEUER 107
WHISKEYSTEUER 107

ZEHNT 110

LITERATUR 114

Von

ABLASS

bis

AUSPLÜNDERUNG

A

ABLASS

Die Papstkirche hatte über Jahrhunderte ein vielgestaltiges Abgabensystem geschaffen, das in erster Linie dafür sorgte, dass ein Teil der finanziellen Erhebungen direkt der Kammer des Papstes zufiel. Der größte Teil der Abgaben und Steuern – wie Palliengelder, Salvitien, Annaten, Kommenden, Verkauf von Ablassbriefen etc. – diente dazu, auf die weltlichen Angelegenheiten, wenn nötig mit militärischen Mitteln, Einfluss zu nehmen.

Seit dem 11. Jahrhundert dienten die Ablassgelder dem Nachlass von kirchlichen Strafen sowie der Erlassung von Sünden. Nachdem seit 1390 dieser Ablass auch denen gewährt wurde, die Rom nicht selbst besucht hatten, wurde er zu einer von den Ablasspredigern vertriebenen heiligen Ware: *„Ich spreche Dich von allen reuig gefühlten, begangenen und in Vergessenheit geratenen Sünden frei..."* (Ablassbrief, 1455)

Der parasitäre Konsum der Kleriker, der aggressive Vertrieb der Ablassbriefe und auch die Theorie, die dem Ablass zugrunde lag, trugen dazu bei, dass die Bevölkerung ihrem Unmut in Protestaktionen Luft machte. Diese fanden schließlich in den Bauernkriegen ihren Niederschlag und die maßlosen Auswüchse der geschäftsmäßigen Ablasspraxis gaben bei Verkündung des St. Peter-Ablasses (1517) den Anstoß zur Reformation.

ÄMTERKAUF

In Frankreich und bei der päpstlichen Kurie entwickelt, wurde der Ämterkauf auch in verschiedenen deutschen Staaten – so in Württemberg, der Pfalz oder Preußen – offen betrieben. Die Ämter wurden ab der 2. Hälfte des 15. Jahrhunderts dem Meistbietenden zugeschlagen, ein Mittel, öffentliche Gelder aufzubringen, ohne auf die Zustimmung der Landstände angewiesen zu sein.

Der Dienstkauf und Diensthandel erstreckte sich auf alle Ämter und Dienste, vom Vogt bis zum Hofbäcker, vom Bürgermeister bis zum Koch, vom Pfarrer bis zum Schreiber, vom Amtmann bis zum Forstassistenten. Selbst neue Titel und Funktionen wurden zum Nutzen der Kasse der Herzogtümer erfunden.

A

ABZUGSGELD

Das Abzugsgeld, auch Nachsteuer oder Urlaubsschilling genannt, war eine Abgabe vom Vermögen eines Auswandernden und sollte dem Landesherrn einen Ersatz für den Verlust von Steuereinnahmen bieten. Der noch im 19. Jahrhundert erhobene Abzug betrug zumeist den dritten, zehnten oder den zwanzigsten Teil vom Wert des beweglichen und unbeweglichen Vermögens. Davon befreit waren je nach örtlicher Gewohnheit Geistliche, Kirchendiener, Professoren. Die Hugenotten sollten in Hessen, wenn sie wieder wegzogen, den 6. Pfennig entrichten; bei Glaubenswechsel wurde ihnen jedoch freier Abzug gestattet (1695).

ANZUGSGELD

Das Anzugs- oder Antrittsgeld stellt – vom Mittelalter bis in das 17./18. Jahrhundert – eine Abgabe an den Staat, die Stadt oder die Gemeinde in Form einer Lokalabgabe dar, die für das Niederlassungsrecht und für das Erlangen des Bürgerrechts zu leisten war. Das Anzugsgeld konnte auch in Wein oder durch das Ausrichten eines Bürgermahls geleistet werden. Darüber hinaus wurden auch bei Bürgeraufnahme ein Feuereimergeld zum Brandschutz und das Stellen von Rüstung und Waffen gefordert. Straßburg nahm für die Aufnahme in die Bürgerschaft den „Bürgerschilling"; Fremde, die sich mit Bürgertöchtern oder Witwen verheirateten, erhielten eine Ermäßigung.

ARMENSTEUER

In den mittelalterlichen Städten, z. B. in KONSTANZ, wurde von der Bevölkerungsschicht, die kein Vermögen besaß („...gar uff erden nichtsz haben.."), aber immerhin durch Lohneinkünfte o.ä. noch zahlungsfähig erschienen, eine Armensteuer eingefordert. In FRANKFURT/MAIN hatte jedermann den Herdschilling zu zahlen, auch „were nichts hait". Die eigentlichen Armen waren befreit, d. h. diejenigen, die amtlich als arm anerkannt und zum Empfang von Almosen berechtigt waren. Der Pfarrer, der die Spenden zentral einsammelte und verwaltete, hatte auch die Bedürftigkeit zu prüfen und die Armen nach den folgenden drei Klassen in Listen zu erfassen: arm und alt – arm und krank – arm und mit Kinder beladen.

AUFRUHRSTEUER

Nach dem Scheitern der Revolution der Bauern im Jahre 1525 folgte das Strafgericht mit Sühneforderungen, die ganzen Dorfschaften kollektiv Strafzahlungen auferlegten, die die kleinen Höfe besonders hart trafen. Im Bistum Würzburg hatten die stiftischen Untertanen an den Landesherrn eine „Aufruhrsteuer" als Sondersteuer in Höhe der jährlichen Landessteuer für drei Jahre zu zahlen. Der Bischof WEIGAND VON WÜRZBURG setzte eine Kommission ein, um die Bauschäden und Verluste durch den Bauernkrieg feststellen zu lassen. Von den aufrührerischen Untertanen musste eine Summe von rd. 270 000 Florin mit dem „Schloßgeld" aufgebracht werden.

AUSPLÜNDERUNG/TRIBUTLEISTUNGEN

Die Assyrer, die die führende Großmacht im 9. Jahrhundert vor Christi geworden waren, wandten die Methoden der Ausplünderung und Straftribute an. Die Nichtzahlung dieser Tribute wurde als Rebellion gegen den assyrischen König angesehen und grausam bestraft. Aus den Annalen des Großkönigs ASSURNASIPAL II (883 – 859 v. Chr.) ist hierzu das Folgende zu entnehmen: *„Ich ließ gegenüber dem Stadttor einen Turm bauen, alle Hauptmeuterer schinden und überzog das Gerüst mit ihren Häuten; einige mauerte ich innerhalb des Turmes ein, andere pfählte ich auf Stangen über dem Turm, weitere band ich an Pfähle um den Turm"*. Kein Wunder, dass diese barbarischen Kriegs- und Tributleistungen ihre Wirkung bei den unterdrückten Staaten zeigten.

Von
BARTSTEUER
bis
BÖSER PFENNIG

BARTSTEUER

Eine besonders eigenwillige Steuer führte PETER I. 1699 ein. In seinem Bestreben, westliche Lebensformen in Russland heimisch zu machen, verlangte er nicht nur eine entsprechende Kleidung, sondern stieß sich auch an der religiös begründeten Sitte der Männer, lange Bärte zu tragen. Um dieses Ärgernis abzuschaffen, schnitt er nicht nur Männern eigenhändig die Bärte ab, sondern führte sogar eine Bartsteuer ein. Wer von den Männern darauf bestand, die herkömmliche Barttracht beizubehalten, musste einen bestimmten Betrag entrichten, der für die verschiedenen Stände unterschiedlich hoch ausfiel. Um sich vom Bartscheren befreien lassen, mussten die Kaufleute des obersten Standes 100 Rubel zahlen. Von Kaufleuten, Höflingen und Beamten geringerer Herkunft wurden 60 Rubel verlangt, alle anderen Stadtbewohner hatten 30 Rubel pro Bart zu entrichten. Auch bärtige Besucher vom Lande durften ihren Bart nur nach einer Entrichtung von einer Kopeke wieder mit nach Hause nehmen. Von der Bartsteuer Befreite erhielten besondere Bartsteuerquittungen, die sie immer mit sich zu führen hatten, damit sie sofort vorgezeigt werden konnten, wenn sie auf der Straße von Soldaten kontrolliert wurden. Die Soldaten hatten Befehl, jeden Bartträger sofort zu scheren, wenn er die Bartsteuer nicht entrichtet hatte.

Vor allem die Altgläubigen, die sich aus religiösen Gründen nicht von ihre Bärte trennen wollten, mussten wohl oder übel diese Steuer entrichten; denn im 16. Jh. hatte ein russisches Konzil das Rasieren verboten, weil dies *„die Verhöhnung des Gottesbildes im Menschen"* sei.

BEGRÄBNISSTEUER

Sie ist eine außerordentliche Steuer, *„wenn wegen nöthigen Aufwands bey einer Fürstlichen Leiche denen Unterthanen, die dazu erforderlichen Unkosten nach Art einer Steuer beyzubringen, auferlegt wird."* (Zedler, Johann Heinrich 1731 – 1754, S.1047)

Vorschläge, eine Begräbnissteuer zu erheben und die Bestattungsregeln zu ändern, führten 1696 zum sogenannten Aansprekersoproer (Leichenbitteraufruhr). Die Armen befürchteten, bei einem kostenlosen Stadtbegräbnis

Karikatur auf die Reform Peters des Großen:
Einem altgläubigen Russen wird nach Nichtentrichtung
der Bartsteuer der Bart abgeschnitten.
Holzschnitt für ein Flugblatt, Ende des 17. Jahrhunderts

würden alle sehen, dass ihre Angehörigen wie Bettler unter die Erde gebracht würden. Ein ehrliches Begräbnis war ein Statussymbol: mit der richtigen Anzahl von Trauergästen und dem entsprechenden Zeremoniell. Nun stand dieses auf dem Spiel. Es war der größte Aufruhr in den Niederlanden des 17. Jahrhunderts.

BEICHTPFENNIG

Der BeichtPfennig war eine dem Beichtvater nach der Beichte, vor allem der Osterbeichte (daher Osterpfennig, Ostergroschen) in gängiger Münze zu entrichtende Gabe, ein Opfer für den Unterhalt des Seelsorgers. Diese und andere Gebühren, deren Entrichtung den Gläubigen zur Pflicht gemacht wurde, bildeten einen wichtigen Teil der Pfarreinkünfte. In einer Gemeinde des Bistums Fulda hatten die Bauern um 1495 mit dem Pfarrer vereinbart: Messe bei Beerdigungen 11 Groschen, bei einem Kind 4 Gr., bei der Beichte 1 Pfg., beim Aufgebot eines Brautpaares eine Kanne Wein, bei der Hochzeit *„ein halbes Sweinsheupt und sibenn steltzen weins."* (Schomburg, Walter 1992, S. 368)

BETTENSTEUER

Mit dem Aufkommen des stehenden Heeres nahm der Finanzbedarf der Landesfürsten erheblich zu, denn nun mussten die Soldaten nicht nur in Kriegszeiten, sondern auch in der Friedenszeit besoldet werden. Als der preußische Soldatenkönig Friedrich Wilhelm I. die Friedensstärke seines Heeres von 30.000 auf 83.000 Mann erhöhte, ging auch ihm dafür das Geld aus. Bei der Suche nach neuen Steuerquellen kam ihm folgende Idee: Er ließ die Soldaten auf dem Fußboden schlafen und verkünden, dass das Geld für Betten und Bettgerät ausgegangen sei. Dies jammerte die Mütter und Väter, deren Kinder so zahlreich dem Heere dienten, und willig steuerte man daraufhin den Garnisonsstädten sogenannte „Bettengelde" bei. Diese aber wurden in eine regelmäßige Bettensteuer umgewandelt, die es ihm gestattete, weitere 100.000 Mann zu rekrutieren. Das erste Bettensteuer-Dekret war 1727 ergangen. Eine Quittung der Garnison Potsdam über abgelieferte Bettengelder vom 10. No-

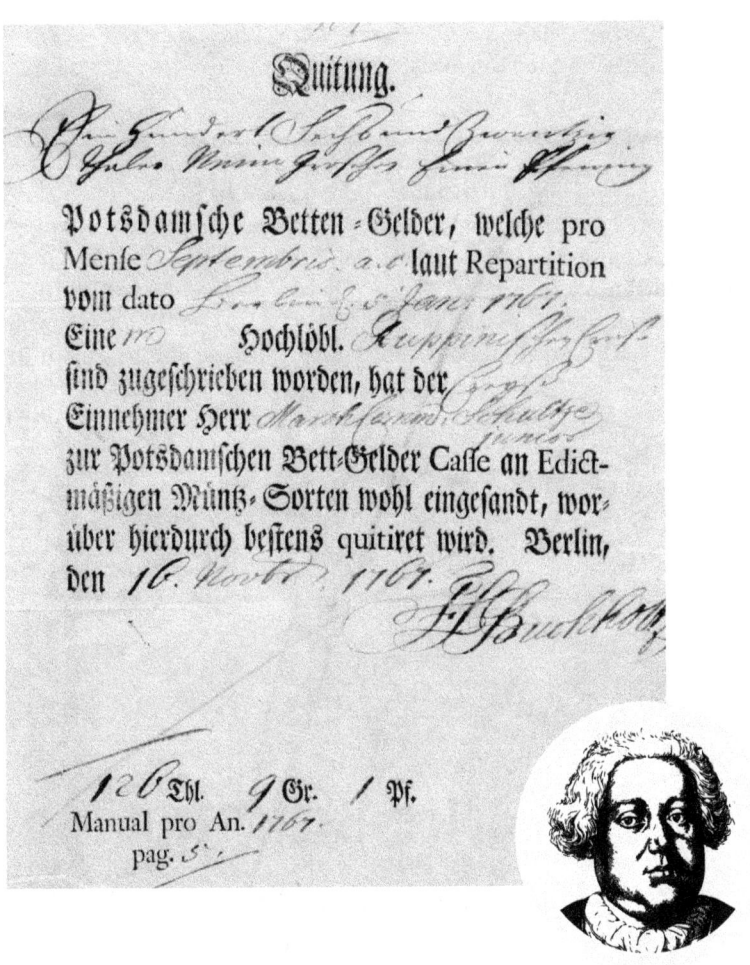

*Quittung über die „Potsdamschen Betten-Gelder", Berlin, 10. November 1767.
Friedrich Wilhelm I. von Preußen (1688–1740) gelang es, den Unterhalt des stark vergrößerten Heeres durch regelmäßige Einkünfte des Staates zu sichern. Zugunsten des ersten Garderegiments führte er 1727 die Potsdamschen Bettengelder ein.*

Der preussische Soldatenkönig Friedrich Wilhelm I. (1688–1740)

vember 1767 zeigt, dass diese Steuer 40 Jahre lang erhoben wurde, obwohl inzwischen die Betten längst beschafft worden waren.

BÖSER PFENNIG

Schon 1375 hatte man in Bern zur Schuldentilgung einen Böspfennig vom eingekelterten Wein erhoben, was 1384 zu großer Empörung der Bürger führte. Als der burgundische Landvogt PETER V. HAGENBACH 1473 ohne Einwilligung der Stände den Bösen Pfennig einführte, der bei einem Preis von 2 Pfg. je Maß Bier 1 Pfg. betrug, kam es 1474 zum Widerstand insbesondere der elsässischen Reichsstädte, zur Verhaftung, zum Prozess und zur Hinrichtung des Landvogts.

Deutsches Sprichwort, Franck, II, 98b.

wie

CENSUS

CENSUS

Während seiner Amtszeit hat AUGUSTUS im Jahre 8 v. Chr. zum ersten Mal auch in Syrien den „Census" angeordnet. Der Schriftsteller LACTANTIUS berichtet, wie es bei einer solchen Besteuerung zuging: *„Die Zensoren erschienen allerorts und brachten alles in Aufruhr. Die Äcker wurden Scholle für Scholle vermessen, jeder Weinstock, jeder Obstbaum gezählt, jedes Stück Vieh. In den Städten wurde die Bevölkerung aus Stadt und Land zusammengetrieben, die Marktplätze waren verstopft von herdenweise aufmarschierenden Familien, überall hörte man die Schreie derer, die mit Foltern und Stockhieben verhört wurden, man spielte die Söhne gegen die Väter aus und erpresste die Sklaven zu Aussagen gegen die Herren, die Frauen gegen die Ehemänner. Wenn alles durchprobiert war, folterte man die Steuerpflichtigen, bis sie gegen sich selbst aussagten, und wenn der Schmerz gesiegt hatte, schrieb man Besitz auf, den es gar nicht gab. Es gab keine Rücksicht auf Alter und Gesundheitszustand. Kranke und Gebrechliche wurden herbeigeschleppt, das Alter der Minderjährigen wurde heraufgesetzt, das der Greise herabgesetzt, und alles war erfüllt von Verzweiflung und Jammergeschrei."* (Pfarrbrief Ausgabe 03/2007 des Katholischen Pfarramtes St. Nikolaus, S. 1)

Imperator Octavius Augustus (geb. 23. September 63 v. Chr. als Gaius Octavius in Rom, gest. 19. August 14 n. Chr.) gilt als erster römischer Kaiser.

Von

DACHSTEUER

bis

DUMMENSTEUER

DACHSTEUER

Ende des 18. Jahrhunderts deckten die Österreicher die Dächer unbenutzter Häuser ab, nachdem KAISER JOSEF II. die Größe der Dachfläche zur Grundlage der Steuerhöhe erklärt hatte. Dies hatte zur Folge, dass viele Burgen und Gebäude verfielen.

Kurioserweise entstanden in Trulli (Apulien) Ende des 18. Jahrhunderts kleine runde Häuser mit Kegeldächern aus Kalksteinplatten mehr oder weniger aus einer Not heraus. In dem Ort Alberobello siedelten sich neue Siedler an, die nicht „angemeldete" Häuschen errichteten. Der HERZOG VON ACQUAVIVA machte es ihnen zur Pflicht, bei der Bauweise der Trullis zu bleiben, da diese ebenso schnell zu demontieren wie auch aufzubauen waren. Als sich Steuerprüfer anmeldeten, wurden schnell die Dächer abgedeckt, um zu demonstrieren, dass eine Ansammlung von halben Wänden keine Häuser oder eine Siedlung und somit auch keine Steuerabgaben fällig seien. Nach Abzug der Steuerprüfer erteilte der Graf die Erlaubnis, die Häuser wieder aufzubauen unter der Auflage, dass sie nur aus Kalksteinen ohne Mörtel aufgeschichtet werden, damit sie jederzeit wieder problemlos abzubauen sind. So entstanden diese einstöckigen Trullis, die heute zum UNESCO Weltkulturerbe zählen.

Trulli in Alberobello, Apulien

D

DEHEM

Eine Abgabe für den Eintrieb der Schweine in den Wald zur Eichel- und Eckernmast, „...*da, wenn die eicheln und büchlein oder bucheckern wohl geraten, eine gewisse und nach der grösze des forstes proportionirte anzahl heimischer schweine gegen erlegung des so genannten mast- oder fehmgeldes gelassen werden...*" (aus dem Jahr 1532, zitiert in Schomburg, Walter 1992, S. 69)

DISKRIMINIERENDE LENKUNGSSTEUERN

Im Steueranpassungsgesetz (StAnpG) vom 16. Oktober 1934 (RGBl 1934, I, S. 925) heißt es in § 1:
„*(1) Die Steuergesetze sind nach nationalsozialistischer Weltanschauung auszulegen.*
(2) Dabei sind die Volksanschauung, der Zweck und die wirtschaftliche Bedeutung der Steuergesetze und die Entwicklung der Verhältnisse zu berücksichtigen.
(3) Entsprechendes gilt für die Beurteilung von Tatbeständen."
Was unter der Beurteilung des Tatbestandes gemeint ist, verdeutlichte FRITZ REINHARDT (Staatssekretär im Reichministerium der Finanzen) in einer Rede, die er am 23. Oktober 1936 auf der Dritten Jahrestagung der Akademie für Deutsches Recht in München hielt:
„*Jede Gesetzesvorschrift kann im Einzelfall nur insoweit als maßgebend angesehen werden, als nicht besondere Tatumstände, die weder in der betreffenden noch in einer anderen Gesetzesvorschrift berücksichtigt sind, nach nationalsozialistischer Weltanschauung eine andere Entscheidung bedingen. Es gibt kein Gesetz, das nicht diesen inneren Vorbehalt enthält und infolgedessen nicht des Rechtswahrers als Gehilfen bedarf, um die nationalsozialistische Weltanschauung im Rechtsleben zu verwirklichen. Das für das Steuerrecht auszusprechen, ist der Zweck des § 1 Absatz 3 StAnpG.*"
In Gesetzeskommentaren legte REINHARDT die steuerliche Generalvorschrift des § 1 StAnpG auch für Gesetze und Bestimmungen aus Zeiten vor dem 30. Januar 1933 aus: „*Es sind demnach auch die Vorschriften des Handelsgesetzbuches nach nationalsozialistischer Weltanschauung auszulegen*". Es „*ist, kurz gesagt, alles richtig, was dem Volksganzen nützt, und alles falsch, was dem Volksganzen abträglich ist.*"

DUMMENSTEUER

KLAUS VOGEL, ein bedeutender Rechtswissenschaftler, hat die heutige Situation in Deutschland wie folgt gekennzeichnet: *„Gewiß ist das Steuerrecht schon seit langem, spätestens seit dem Ersten Weltkrieg, ein kompliziertes, für den Laien schwer überschaubares Rechtsgebiet. Heute kann aber auch ein Fachmann dieses Gebiet kaum noch überblicken..." „Schon seit den siebziger und achtziger Jahren mehren sich deshalb die Äußerungen von hohen Richtern, Anwälten und Wissenschaftlern, die das geltende Steuerrecht als „Chaos", „Dschungel" oder gar „Perversion" bezeichnen. In diesem Chaos gelingt es den Hochverdienenden, die sich eine teure Steuerberatung leisten können, ihre Steuerpflichten legal zu vermindern. Die Geringverdienenden haben diese Möglichkeit nicht; sie zahlen, wie dies ein namhafter Betriebswirt ausgedrückt hat, eine „Dummensteuer". „Dieser Zustand ist, ich möchte das mit aller Deutlichkeit sagen, von Politikern aller demokratischen Parteien zu verantworten..."* (Vogel, Klaus 1999, S. 9-11)

Mit dem Begriff „DUMMENSTEUER" hat PROF. DR. GERD ROSE dem Tatbestand Rechnung getragen, dass Laien nicht in der Lage sind, die Lücken und Privilegien der hochgradig widersprüchlichen, inkonsistenten und intransparenten Steuergesetze zu nutzen.

wie

ERNTESTEUER

ERNTESTEUER

Bereits im 3. Jahrhundert vor Christi wurde die Höhe der Nilüberschwemmung mit dem „Nilometer" gemessen, um einen Faktor für die Berechnung der Erntesteuer zu erhalten. Je höher die Überschwemmung war, umso besser stellte sich die Ernte ein und entsprechend höher war die Erntesteuer. Besteuert wurde die Ernteleistung, nicht der Grundbesitz, denn der gehörte dem Pharao. Auch die Zählungen der Rinder als Grundlage der Berechnung der Rinderabgabe führte im Laufe der Jahrhunderte dazu, dass man von den ersten festen Steuern sprechen konnte.

Nilometer auf der Insel Roda in Kairo

Von

FAHRRADSTEUER

bis

FRÄULEINSTEUER

FAHRRADSTEUER

Eine Fahrradsteuer wurde erstmals in Frankreich 1893 eingeführt, Italien folgte 1897 und Bremen und Hessen 1899. Andere Länder folgten diesem Beispiel. Besitzer von Fahrrädern hatten eine „Fahrkarte" zu beantragen, auf die eine Stempelsteuer erhoben wurde. In Frankreich betrug die Steuer 6 Francs pro Fahrradsitz und in Hessen 5 Mark jährlich. Von der Steuer befreit waren Lohnarbeiter, soweit sie ihr Fahrrad zur Arbeitsstätte benutzten, sowie Militärpersonen, Kururlauber und Gewerbetreibende mit einem Jahreseinkommen bis 1.500 Mark.

Sogar noch im Jahr 1945 wurde im Saargebiet eine Fahrradsteuer eingeführt, die personenbezogen und durch eine Radfahrmarke im Personalausweis nachzuweisen war.

Radrennen in England, ca. 1900

F

FELD- UND TIERZEHNT

Die wesentlichsten Zehntabgaben (siehe auch unter „Zehnt") waren der Feld- und der Tierzehnt. Der Feldzehnt betraf die Ablieferung von Halmfrüchten und Gemüse, der Tierzehnt bestand in der Abgabe von Vieh oder tierischen Produkten. Die drückenden Lasten des Zehnts konnten 50 % des Nettoertrages ausmachen, den die Landbevölkerung erzielte. Dies ergab sich daraus, dass dieser nach dem Bruttoertrag berechnet wurde, ohne dass die Kosten für Löhne, Saat, Anbau und alle weiteren Kosten berücksichtigt wurden. Bei Dürren, Hagelschlag oder bei Kriegen konnte sogar der gesamte Reinertrag von den Zehntherren eingezogen werden. Pfiffige Bauern brachten des Nachts einen Teil der Ernte ein, um so den geschuldeten Zehnten kleiner zu halten als er rechtmäßig der Kirche zustand.

FENSTER- UND TÜRSTEUER

Im Jahre 1798 wurde in Frankreich die Tür- und Fenstersteuer eingeführt. Diese sollte dazu dienen, auf indirektem Weg den Wert des Hauses zu besteuern. Steuerpflichtig waren dabei alle *„Türen und Fenster, welche nach den Straßen, Höfen und Gärten der Gebäude und Fabriken hinausgehen"*. Die Bemessungsgrundlage war sehr leicht von außen zu ermitteln, da die Ortsgröße, die Anzahl der Öffnungen und die weitere Ausstattung des Hauses ausschlaggebend waren. Es musste unterschieden werden, ob das Haus mit gewöhnlichen Toren versehen war und ob die Fenster sich in den unteren oder höheren Stockwerken befanden.

Wenn jemand in einer Ortschaft mit 20 000 Einwohnern lebte und ein Haus mit vier Öffnungen hatte, mussten 2,80 Franc entrichtet werden. Kam dazu noch ein Torweg oder ein Magazintor, so waren weitere 7,40 Franc, also insgesamt 10,20 Franc fällig. Kleinstädte waren begünstigt, in Großstädten war die Belastung erheblich höher. Kein Wunder, dass die Bürger Unannehmlichkeiten in Kauf nahmen und dem besteuerten Tatbestand auswichen: Es wurde mit möglichst wenigen Fenstern und Türen gebaut, auch wenn die Lebensqualität darunter litt.

FRÄULEINSTEUER

Ursprünglich eine außerordentliche Steuer der Hintersassen von Grundherren, später eine von allen Untertanen geforderte landständische Steuer bei Vermählung einer Fürstentochter. Schon 1292 erhob HERZOG LUDWIG der Strenge von Bayern eine Brautsteuer für seine Tochter. München hatte im 15. Jh. mit der Fräuleinsteuer seinen Anteil an diesen außerordentlichen Steuern zu tragen. Um 1690 wurden Heiratsgelder erstmals auch den jüngeren Söhnen der lippischen Landesherren bewilligt.

1606 boten die Bürger von Saarbrücken und St. Johann für die als drückend empfundene Fräuleinsteuer dem GRAFEN JOHANN LUDWIG VON SAARBRÜCKEN einen Vergleich an: zum jeweils fälligen Hellergeld – eine Abgabe auf den Wein in der Grafschaft Saarbrücken, um 1500 eingeführt - wollten sie zusätzlich einen weiteren Pfennig zahlen, wenn ihnen dadurch *„Alle Beth, Hochzeitsgeld u. Reiswagen"* zukünftig erlassen bliebe. Trotz Annahme dieses Anerbietens wurden die Städte ab 1660 wieder mit 1.200 Gulden an Fräuleinsteuer belegt, welche sie innerhalb von vier Jahren aufzubringen hatten. Ein Weg aus dieser Misere bestand nur in Hessen bei *„unstandesgemäß geachteten heiraten"*; dann entfiel die dort geforderte Prinzessinnensteuer.

wie

GALGENSTEUER

GALGENSTEUER

Das war eine Abgabe, die die Gerichtsherrschaft den Gerichtsuntertanen zur Deckung der Kosten für die Errichtung des Galgens auferlegte. Im Amt Medingen bei Uelzen wurde 1670 aus erzieherischen Gründen die Einwohnerschaft zum Bau des Galgens herangezogen. *„Was das Gericht zu bawen gekostet, haben solches die Semptlichen Medingischen Ambt- Untertanen unter sich aufbringen müssen..."* (zitiert in Schomburg, Walter 1992, S. 113) Beim Celler Hochgericht wurden im 17. und 18. Jh. alle holzverarbeitenden Meister aufgefordert, unentgeltlich zu arbeiten; nach Fertigstellung des Galgens wurden ein paar Fass Bier spendiert. Ein Fernbleiben von dieser Gemeindepflicht wurde mit fünf Talern Strafe belegt.

Galgenhinrichtung im 17. Jahrhundert

Von

HAGESTOLZSTEUER

bis

HUNDESTEUER

H

HAGESTOLZSTEUER

Diese Sondersteuer auf Ehelosigkeit wurde nach den Verlusten des 30jährigen Krieges als bevölkerungspolitische Maßnahme angewandt. In Thüringen wurden z.B. Junggesellen, sofern sie das fünfundzwanzigste Lebensjahr überschritten hatten, zur Hagestolzsteuer herangezogen. Einige Jahre steuerfrei waren diejenigen, die vor Erreichung des zwanzigsten Lebensjahres heirateten. Kinderreichen Familien wurden großzügige Prämien gewährt.

HENKERGELD

Das *„sind die peinlichen Unkosten, die bey Gefangnen ... dem Scharfrichter und sonst aufgewendet werden."*

Der Nürnberger „Züchtiger", der Henker, erhielt von der Stadt um 1440 ein festes Gehalt von jährlich 56 Pfd. (Pfund) und eine reichlich bemessene Extravergütung nach folgenden Tarifen:

- *für Hinrichtung mit Rad oder Brand zwei Pfd.,*
- *für Hinrichtung mit Strang oder Schwert ein Pfd.,*
- *für peinliches Verhör 15 Pfd.,*
- *für Abschneiden eines Finger sechs s.(Schilling), eines Ohres fünf s., Ausstechen eines Auges fünf s.,*
- *für Aufbrennen eines Stirn- oder Backenmales fünf s.*

Die Kosten schwollen durch die brauchtümliche Ausstattung der Hinrichtung an. Dazu gehörten die Beteiligung der Geistlichen und Schüler, die nach der Exekution sangen, das Geläut der Armensünderglocke, die reichliche Verköstigung der verurteilten Person und die Zehrungen des Gerichts. Die Kosten wurden auf die zugehörigen Ortschaften umgelegt, aus dem der Verbrecher stammte.

H

HERDSTEUER / FENSTERSTEUER

Ein Sturm der Entrüstung erhob sich in England, als eine Herdsteuer – eine Abgabe von jedem, der „*eigenen Rauch*" hatte – eingeführt wurde. Diese bemaß sich nach der Größe des Herdes und erforderte das Betreten des Hauses durch Steuerbeamte, die als lästige Hausschnüffler angesehen wurden. Die Reaktion des Fiskus war daraufhin im Jahre 1696 eine Fenstersteuer „*tax on window*" einzuführen, die es ermöglichte, die Bemessungsgrundlage – die Anzahl der Fenster – von außen zu kontrollieren. Damit sollten Eingriffe in die Privatsphäre der Bürger vermieden werden, denn gegen die Verletzung des Grundsatzes „*my house is my castle*" kam auf Dauer niemand an. Die Fenstersteuer betrug 2 sh.(Shilling) für jedes Wohnhaus mit weniger als 10 Fenstern, bei 10 bis 20 Fenstern 6 sh., bei 20 und mehr Fenstern 10 sh. Die Bürger schmälerten daraufhin die Bemessungsgrundlage dieser Steuer durch Veränderung des Baustils und nahmen die schlechteren Lichtverhältnisse hin, was gesundheitlich sicherlich nicht förderlich war. Um die Umgehung der Steuer durch den Zubau der Fenster zu verhindern, wurde 1747 eine feste Haussteuer von 2 sh. für jedes bewohnte Wohnhaus erhoben, wobei für Häuser von 10 und mehr Fenstern die steigende Fensterzahl mit einem progressiven Tarif versehen wurde. Später (1778) trat dazu noch eine besondere Ertragssteuer von Wohnhäusern.

Erst im Jahre 1851 wurde die Fenstersteuer – die auch in Deutschland, Frankreich und den Niederlanden verschiedentlich erhoben wurde – in England abgeschafft.

HERRENZEHNT

Die aufstrebenden Feudalherren des Mittelalters beanspruchten für sich das Eigenkirchenrecht für den Bau und den Erhalt der Kirchen. Dieser Herrenzehnt in Form von zwei Drittel der Zehntabgaben wurde trotz heftigsten Widerstands der römischen Kirche ein bedeutender finanzieller Machtfaktor. Es bildete sich durch diese Einnahmen eine grundherrliche Steuerobrigkeit, die im Kriegsfall dem König zu dienen hatte aber auch Schutz und Schirm für die wirtschaftlich Abhängigen darstellte.

HEXENGELD

Der BISCHOF VON WÜRZBURG begründete u. a. das Hexengeld mit dem Hinweis, dass die erhöhten Kosten der Hexenprozesse weder den Untertanen noch der fürstlichen Kanzlei zugemutet werden könnten (Mandat von 1627). Bei anhanglosen Hingerichteten wurde das ganze Vermögen konfisziert, bei Hexen und Zauberern mit Verwandten aufsteigender Linie verfiel die Hälfte der Güter dem Fiskus. Wo Kinder zurückblieben, wurde der fünfte Teil eingezogen. Die Kosten der Hinrichtung konnten auch von dem Freundeskreis der Hingerichteten, wie 1630 in Würzburg, eingefordert werden.

Das Amt des Hexenrichters galt als einträgliches Geschäft, da ein großer Teil seiner Besoldung, die ansonsten unregelmäßig war, aus den Strafgeldern resultiert. Den Henkern und Denunzianten kam neben dem Hexengeld auch aus den fürstlichen und städtischen Kassen reichlich Geld zugute.

HOCHZEITSSTEUER

Die berühmte *„ius primae noctis"*, das Recht der ersten Nacht des Lehnsherren anlässlich der Hochzeit eines Untergebenen, war keineswegs eine Jungfernsteuer, die der Ehemann an den Grundherrn zahlen musste, damit dieser von seinem Vorrecht keinen Gebrauch machte. Es handelte sich hierbei vielmehr um eine Hochzeitssteuer, eine Abgabe zur Genehmigung der Ehe durch den Grundherrn. Selbst MOZART wusste das nicht, wie der Text zu Figaros Hochzeit beweist. Historiker sind sich einig, dass die *„ius primae noctis"* eine Fiktion ist, d. h. dass es sich um einen Mythos handelt, der als Argument der Aufklärer gegen den Adel benutzt wurde.

HULDIGUNGSSTEUER

Seit dem 11. und 12. Jh. hatte sich in Deutschland allmählich eine von der kaiserlichen Zentralgewalt weitgehend unabhängige Landesherrschaft herausgebildet. Diesen Zustand hatte Kaiser FRIEDRICH II. durch die Fürsten-

H

privilegien von 1220 und 1231-1232 bis zu einem gewissen Grad anerkannt. Den Fürsten wurden in der Goldenen Bulle von 1356 ausdrücklich weitere Vorrechte zugesprochen. Daraufhin konnten die „Hohen Herren", die Landesfürsten, zur Befriedigung ihre Bedürfnisse auf vielfältige Weise die finanziellen Ressourcen ihrer Untertanen in Anspruch nehmen und so aus dem Vollen schöpfen.

Außerordentliche Steuern wurden von den Ständen und Untertanen erhoben, wenn einem König oder Landesherrn aus dem einen oder anderen Grund zu huldigen war. Das konnte bei einer Veränderung der Regierung – oder wenn ein neuer Landesherr erschien – der Fall sein. Davon erhielt oftmals auch das Gefolge seinen Anteil. Das geschah vielfach „*freiwillig*" oder „*von Gewohnheit wegen*".

FRIEDRICH III. erhielt im Jahre 1442 von der Stadt Konstanz bei der Huldigung einen silbernen Becher im Wert von 230 fl., der obendrein mit 200 fl. gefüllt war. Die Domherren schenkten ihm 20 Meter Hafer und zwei Fuder Wein. Als Leopold I. im Jahr 1658 die Huldigung der Stadt Lübeck entgegennahm, wurden ihm 1.000 neugeprägte Goldflorin in einem goldenen Pokal gereicht. Den ihn begleitenden Ministern und Offizieren sowie einigen ihrer Frauen wurden silberne Handbecken, Pokale und anderes Geschirr überreicht. Dagegen erließ LANDGRAF WILHELM IX. VON HESSEN, einer der reichsten Fürsten seiner Zeit, bei seinem Regierungsantritt dem Land das übliche Geschenk von 100.000 Talern und der Landschaft an der Diemel eine Schuld von 76.000 Talern.

HUNDESTEUER

Um 1500 taucht die Hundesteuer erstmals als „*Hundekorn*" auf. Die Bauern hatten gegenüber den Fürsten Jagdfrondienste zu leisten und dabei eine „*Hundegestellungspflicht*". Wenn sie ihr nicht nachkommen konnten, waren sie verpflichtet, das Hundebrot in Form von Roggen, Gerste oder Hafer zu liefern. Allein für die Erlaubnis, einen Hund zu halten, wurde das „*Hundsgeld*" erhoben. Das war eine bittere Pille z.B. für Schäfer, die auf die Hilfe ihrer treuen Vierbeiner angewiesen waren.

1796 erfolgte die Einführung der Hundesteuer in England. Sie war von Personen zu entrichten, die einen Hund zu ihrem Vergnügen oder aus sportlichen Gründen hielten. Anfang des 19. Jh. wurde die Hundesteuer entweder als Maßnahme gegen die Tollwutgefahr wie 1809 in Württemberg oder als Luxussteuer wie 1810 in Preußen eingeführt. In Preußen betraf diese Steuer auch Katzen, Pferde, Enten und Stubenvögel, ausgenommen davon waren jedoch Hundehalter, die aus gewerblichen Gründen Hunde halten mussten. Dies nahm die für ihr literarisches und soziales Engagement berühmte Bettina von Arnim zum Anlass, um der im Jahr 1842 eigens eingerichteten „*Hundesteuer-Commission*" ihren Pudel als Jagdhund anzudienen. Trotz Unterstützung von einflussreichen Freunden gelang es ihr jedoch nicht, das „*fleischfressende Raubtier*" von der Steuer zu befreien.

Da ist der Besitzer eines „*Hofhundes*" in der Schweiz – Appenzell Ausserrhoden – heute doch glücklicher dran. Bewirtschaftet dieser eine Nutzfläche von mindestens 100 Aren, dann wird der Vierbeiner rechtlich zu einem Hofhund, wodurch sich die Hundesteuer reduziert.

Hundesteuermarke aus Irland, 1904

I
wie
INFLATION

INFLATION

Die gefährlichste Steuer der Welt steht in keinem Gesetzbuch – es ist die Inflation. Von der normalen Steuer unterscheidet sich die Inflation durch die Tatsache, dass die Erträge dieser Steuer nicht an das Finanzamt gehen, sondern über die Staatsverschuldung den Weg in den Staatssäckel finden. Die Schulden von heute sind die Steuern von morgen, denn alle Wohltaten, die der Staat den Bürgern heute auf Pump gewährt, müssen später bezahlt werden, die Steuerkeule folgt auf dem Fuß.

Anfang der 1920er – und auch Mitte der 1940er Jahre – war die Inflation für alle, die über Geldvermögen verfügten oder vom Arbeitseinkommen leben mussten, eine Katastrophe. Es war diese Zwangsenteignung, die viele Bürger in die Arme der radikalen Parteien trieb.

Der Staat kann an einer Inflation Interesse haben, denn zum einen können mit Hilfe der Geldentwertung die eigenen Schulden innerhalb kurzer Frist verringert werden, zum anderen bietet die Inflation eine versteckte Einkommensquelle für den Staat, da durch die sogenannte kalte Progression die Bürger inflationsbedingt automatisch höhere Steuern zahlen müssen.

Der ehemalige Präsident der Deutschen Bundesbank (1991 – 1993), HELMUT SCHLESINGER, hat es auf den Punkt gebracht: *„Die schlimmste Steuer auf den Besitz von Geld ist die Inflation."*

Kinder spielen mit wertlos gewordenem Papiergeld, 1923.

Von

JUDENBEGRÄBNISGELD

bis

JUDENVERMÖGENSABGABE

JUDENBEGRÄBNISGELD

Ein Judenbegräbnisgeld war als städtische Gebühr für die Erlaubnis des Rates festgelegt, den Verstorbenen zu begraben oder einen eigenen Friedhof zu unterhalten. Für eine solche Erlaubnis mussten die Juden in Quedlinburg um 1480 eine Gebühr von einem Gulden entrichten. In Baden-Durach wurde 1672 bestimmt, dass, ohne Rücksicht auf das Geschlecht von schirmverwandten Juden für einen jungen drei, für einen alten sechs Gulden, bei Fremden aber das Doppelte zu bezahlen sei.

JUDENHEIRATSABGABE

Der Große Kurfürst versuchte die eigenen Interessen mit dem religiösen Empfinden der christlichen Bevölkerung in Einklang zu bringen, in dem er einerseits die steuerliche Belastung der Juden erhöhte und andererseits deren Freiheitsspielraum mit einem grotesken staatlichen Steuersystem einschränkte. In wechselnder Höhe nahm man den Juden anlässlich von Eheschließungen, Geburten, Hochzeiten, Todesfällen und für den Hausbau Steuern ab. Das Heiratsalter wurde auf 25 Jahre festgesetzt. Ausnahmen kosteten 40 Taler. Waren Braut oder Bräutigam Ausländer, dann wurden 40 Taler fällig. Bei der zweiten Verheiratung belief sich diese Steuer auf 20 Taler.

Die Judenheiratsabgaben zielten darauf ab, das Wachstum der jüdischen Bevölkerung zu verhindern. Die Judenordnungen KARLS VI. zwischen 1718 – 1723 gestatteten nur dem ältesten Sohn jeder jüdischen Familie die Eheschließung. In Preußen durfte z. B. nach dem Edikt von 1714 jeder Schutzjude nur drei Kinder „ansetzen". Das Recht dazu galt nur für das erste Kind, für das zweite Kind erst bei einem Vermögen von 1000 Talern und gegen eine Gebühr von 50 Talern. Die doppelte Gebühr ergab sich für das dritte Kind bei doppeltem Vermögen. Hinzu kamen noch weitere Gebühren, z. B. mussten seit 1769 bei „Ansetzung" des ersten und zweiten Kindes je 300 Taler Waren aus der königlichen Porzellanmanufaktur Berlin gekauft werden.

JUDENSCHUTZGELD

KAISER LUDWIG DER BAYERN führte 1342 die erste regelmäßige staatliche Kopfsteuer ein, den „Güldenen Opferpfennig" - mit jährlich einem Goldgulden -, der Juden auferlegt wurde. Das war das Entgelt für den Schutz, den der Kaiser den Juden gewährte. LUDWIGS Verordnung von 1342 hatte bestimmt: *„...daß ihm jeder Jude und jede Jüdin, die Witwe ist, und die, welche zwölf Jahre alt sind und zwanzig Gulden Wert haben, jeglicher und jegliche, alle Jahre einen Gulden geben sollen zu Zins von ihrem Leibe, welcher dann dem Reich an dessen Kosten zustatten kommen soll und wofür er die Juden um so besser beschirmen will."* (zitiert in Suchy, Barbara 1986, S. 120)

Auch wenn die Kaiser später den Landesherrschaften den Judenschutz auf Zeit überließen, so behielten sie sich selbst das Judenschutzgeld vor, gewöhnlich die Hälfte. Die *„halbe Judensteuer"* wurde seit Mitte des 17. Jahrhunderts häufig mit einem Pauschbetrag bei der Judengemeinde im Ganzen eingefordert. Der Judenrat legte diesen meist nach dem Vermögen der Gemeindemitglieder um.

JUDENSTEUERN

In dem Maße, wie die Erfolge der Kreuzzüge im Laufe der Jahrzehnte ausblieben und die Kosten der Unternehmungen anwuchsen, radikalisierte sich nicht nur die Kreuzzugsbewegung, sondern die Herrschenden gingen zunehmend dazu über, vornehmlich Juden systematisch zur Finanzierung der Kreuzzüge heranzuziehen. Waren die Juden nicht die Feinde Christi, hatten sie nicht Christus an das Kreuz geschlagen? Es setzte ein wirtschaftlicher und gesellschaftlicher Prozess ein, der die Juden entrechtete und durch Judensteuern zu härter werdenden Belastungen führte.

Im Zusammenhang mit den Kreuzzügen gingen die Könige von Frankreich, England und Spanien dazu über, ihren Untertanen jüdischen Glaubens gesonderte Steuern abzuverlangen. Als der englische König HEINRICH II. anlässlich eines Aufrufes von Papst GREGOR zum Kreuzzug in seinem Königreich die erste Vermögenssteuer, den Saladinszehnten, einführte, wurde von den Einwohnern christlichen Glaubens ein Zehntel der Einkünfte und der beweglichen Habe gefordert, aber von den anderen Untertanen der vierte Teil ihres Vermögens. Bisher hatte die englische Krone den Juden lediglich außergewöhnliche Abgaben, aber keine festen Steuern abverlangt. Diese neue Regelung brachte vielen Juden Not und Verelendung.

Über den englischen König JOHANN OHNE LAND, der wegen willkürlicher Steuerforderungen die Unterstützung des Ritteradels und der Städte verloren hatte, wurde im Jahre 1210 berichtet, dass er die Juden Englands einsperren ließ, um von ihnen gezielt Steuern eintreiben zu können. Ebenso ist von ihm überliefert, dass er einen Juden, der sich geweigert habe, die geforderte Steuer zu zahlen, foltern ließ. Der König soll seine Folterknechte aufgefordert haben, dem Widerspenstigen jeden Tag einen Zahn auszureißen, bis dieser bereit sei, die Steuer zu entrichten. Der Malträtierte habe nach sieben qualvollen Tagen und sieben verlorenen Zähnen der Erpressung nachgegeben.

Die kirchlichen Erlasse der Laterankonzile von 1215 bis 1286 taten das Übrige dazu, dass die Entrechtung der jüdischen Bevölkerung immer weiter fortschritt und diese ihren Zahlungsverpflichtungen nicht mehr nachkommen konnten.

JUDENVERMÖGENSABGABE

Nach der Reichskristallnacht vom 9. November 1938 wurde am 12. November 1938 die Verordnung über eine Sühneleistung der Juden deutscher Staatsangehörigkeit erlassen, die ihnen in ihrer Gesamtheit die Zahlung einer Kontribution von einer Milliarde Reichsmark auferlegte. Als offizielle Begründung wurde die Tötung des deutschen Botschaftsangestellten ERNST VON RATH in Paris durch einen Mann namens HERSCHEL GRYNSZPAN angegeben, der Vergeltung für die von der deutschen Polizei durchgeführten Deportation seiner Eltern und Geschwister üben wollte. Im Reichsgesetzblatt, Teil I, Nr. 189 vom 14. November 1938, S. 415 lautet die Begründung für diese von dem Beauftragten des Vierjahresplanes, HERMANN GÖRING, unterschriebene Verordnung: *„Die feindliche Haltung des Judentums gegenüber dem deutschen Volk und Reich, die auch vor feigen Mordtaten nicht zurückschreckt, erfordert entschiedene Abwehr und harte Sühne."*

Die Einziehung dieser Kontribution wurde den Finanzämtern übertragen. Die Milliarde RM sollte von jedem Juden als *„Judenvermögensabgabe"*

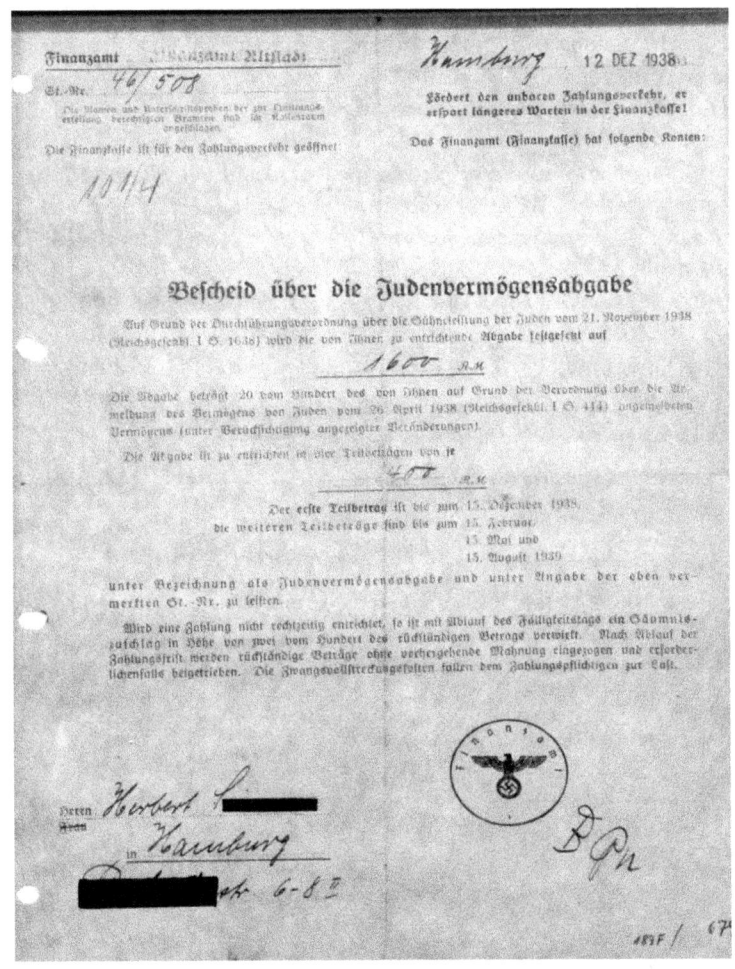

Bescheid über die Judenvermögensabgabe, Finanzamt Hamburg-Altstadt, 12. Dezember 1938. Kurz nach der sogenannten Reichskristallnacht wurde den deutschen Juden eine Pauschalsteuer von einer Milliarde Reichsmark auferlegt. Diese „Kontribution" wurde durch die „Judenvermögensabgabe" aufgebracht. Dies war eine Steuer in Höhe von 20 v. H., später von 25 v. H. des einzelnen Vermögens.

geleistet werden, der ein Mindestvermögen von 5.000 RM besaß mit einer Steuer in Höhe von 20 Prozent, die am 19. 10. 1939 auf 25 Prozent auf das einzelne Vermögen erhöht wurde.

In Folge des Novemberpogroms waren ca. 30 000 Juden in Konzentrationslager verschleppt worden, die aufgefordert wurden, von dort ihre Finanzamtsangelegenheiten zu regeln, was schlichtweg nicht möglich war. Viele wurden vor die Wahl gestellt, ihr Vermögen zur Verfügung zu stellen und sich damit zur Ausreise aus Deutschland zu verpflichten oder in KZ-Haft zu verbleiben.

Die Finanzverwaltung nahm mit dieser Abgabe insgesamt 1.126.612.495 RM ein. Gedanken darüber, dass der über eine Milliarde RM hinausgehende Betrag wieder zurückzuzahlen sei, machte man sich im Reichsfinanzministerium nicht.

Von
KAFFEESTEUER
bis
KRIEGSSTEUER

KAFFEESTEUER

Erste Kaffeehäuser wurden 1683 in Wien und 1694 in Leipzig eröffnet, später kamen solche Häuser auch in Nürnberg, Regensburg und Frankfurt am Main hinzu, wobei die Leipziger Messen für eine schnelle Entwicklung, aber auch Auswüchse sorgten. Mehrere Landesherren gingen mit Strenge gegen den Kaffeegenuss vor. Die bischöfliche Regierung von Hildesheim empfahl 1780 den *„deutschen Männern"* den Genuss von Bier und Branntwein: *„Wer sich untersteht, Bohnenkaffee zu verkaufen, dem wird der ganze Vorrat konfiscirt."*

Preußens König FRIEDRICH II. befasste sich 1779 mit der Versteuerung von Kaffee und anderen „Überflußwaren". In der Königlich preußischen Declaration von 1781 wird angeordnet, dass aller zur Consumtion in den Städten

Preußische Kafferiecher walten ihres Amtes.
Um 1766, Gemälde aus dem 19. Jahrhundert

K

und auf dem platten Lande kommender Kaffee in öffentlichen Brandhäusern zu brennen sei, dies sei das beste Mittel, die Consumtion zu hemmen. Dazu fixierte der König den Verkaufspreis des gebrannten Kaffees mit 98 Pfennigen für ein Loth. Mit einem gesonderten Brennschein der Accise-Ämter konnten die in dieser Declaration aufgeführten Personen gegen Entgelt die Erlaubnis erhalten, in ihren Häusern nach ihrem Geschmack brennen zu dürfen. Zur Kontrolle dieser Anordnung waren zunächst 200 Invaliden im Dienst, zwei Jahre später waren es bereits 400 Invaliden. Das Volk bedachte sie mit den Scheltnamen „*Kaffeeriecher*" oder „*Kaffeeschnüffler*". Die königlichen Kontrollbeamten gingen dem Geruch oder anderen Anzeichen in den verdächtigen Häusern nach und überraschten die Bürger mit Vorliebe bei ihren Kaffeestündchen. Sie erhielten für die Prüfung, ob unversteuerter Bohnenkaffee getrunken wurde, monatlich ein Gehalt von sechs Reichstalern und alle Jahre eine vollständige Kleidung sowie Hut und Stiefel.

KAISERKRÖNUNGSSTEUER

1433 forderte SIGMUND nach seiner Krönung zum Kaiser durch PAPST EUGEN IV. in Rom von den Juden eine Kaiserkrönungssteuer. Es war bereits üblich, dass die neugewählten Könige, die Recht über Leben und Gut der Judenschaft besaßen, Anspruch auf den dritten Teil des Judenvermögens erheben konnten. SIGMUND behauptete nun, es sei altes Herkommen, dass auch die gekrönten „*römischen Kaiser deutscher Nation*" Anspruch auf eine Judensteuer nach der Krönung hätten, und – da die Kaiserwürde höher einzuschätzen sei, als die königliche – wäre es nur billig, wenn die Juden nicht nur mit einem Drittel ihrer Habe, sondern mit der Hälfte dazu beitragen würden.

KALENDERSTEUER / ZEITUNGSSTEUER

Die Kalendersteuer und die damit zusammenhängende Zeitungssteuer wurden regelmäßig in Stempelform erhoben. Auf diese Weise kam es dazu, dass die Befriedigung geistiger Bedürfnisse, die Bildung, Belehrung und Unter-

Zeitungsmarkt in Paris, 1848; Zeichnung aus L'Illustration, Journal Universel

haltung besteuert wurden; denn im 18. Jahrhundert gaben die Kalender nicht nur über Tage und Monate Auskunft, sondern enthielten auch erbauliche Texte, Sinnsprüche usw.

Beide Steuern unterschieden sich insofern, als die Kalendersteuer im Allgemeinen mehr die große Masse der Bevölkerung, der Zeitungsstempel mehr die gebildeten Schichten der Gesellschaft betraf. Über die Problematik dieser Steuern war man sich bewusst, denn eine höhere Besteuerung der angesehenen Zeitungen „wird leicht die Schmutz und Winkelpresse begünstigen und damit die anständigen Zeitungen in ihrem Absatz schmälern." Kalenderstempel bestanden in einer Mehrzahl von Staaten, zuletzt erhob noch Österreich 1850 eine Kalendergebühr, die jedoch gleichzeitig mit dem Zeitungsstempel 1899/1900 aufgehoben wurde.

KARTOFFELZEHNT

In der Grafschaft Saarbrücken kam es 1746 erstmals zu einer derartigen Verordnung. Seit 1748 wurde der Kartoffelzehnt in Geld pro Morgen mit 12 Albus – das war eine Groschenart mit einem hohen Silbergehalt – ab 1764 mit 40 Kreuzer erhoben. 1784 bestimmte FÜRST LUDWIG, dass auch Kartoffelpflanzungen aus über 1/8 Morgen großem Gartenland zehntpflichtig seien. 1791 erhielt die Bürgerschaft von Saarbrücken den Grundbirnzehnt – Grundbirne war die Bezeichnung für Kartoffel – auf drei Jahre erlassen, weil sie sich an einem in St. Johann stattgefunden Tumult nicht beteiligt hatte. 1793 wurde die Grafschaft von der Entrichtung des Kartoffelzehnts entbunden.

KINDTAUFENSTEUER

Das war eine außerordentliche Steuer, die 1731 bzw. 1806 anlässlich der Taufe eines Kindes des Landesherrn erhoben worden war. *„Die Kindtaufsteuer ist eine Art ausserordentlicher Steuern oder Abgaben, wenn des regierenden Landes – Herrn Gemahlin darnieder gekommen ist, und Sechswochen hält, wird sonst auch Windeln- oder Wiegen-Geld genannt..."* (Zedler, Johann Heinrich 1731 – 1754, Bd. 39, S. 1049)

KLASSENSTEUER

1820 wurde in Preußen eine Klassensteuer eingeführt, die die gesellschaftliche Stellung des Einzelnen – nach einfachen äußeren Zeichen des Wohlstandes – in Klassen ordnete. Eine genauere Untersuchung der Einkommensverhältnisse und *„störende"* Ermittlungsmethoden wurden sorgfältig vermieden. Das Gesetz sollte *„zwischen einer ohne genaues Eindringen in die Vermögensverhältnisse der Pflichtigen nicht ausführbaren und deshalb immer gehässigen Einkommensteuer und einer die Gesamt-Masse aller Einwohner ohne allen Unterschied gleich treffenden Kopfsteuer die Mitte halten"* (zitiert in Kumpf, Johann Heinrich 1996, S. 77)

Diese Steuer beruhte im Wesentlichen auf Schätzungen, um ein genaues Eindringen in die Verhältnisse des Steuerpflichtigen zu vermeiden und begründete eine Haushaltsbesteuerung, die noch heute ein Schattendasein in der Zusammenveranlagung von Ehegatten führt.

Die Erfinder der Steuer hatten auf die Selbstachtung der Steuerpflichtigen gesetzt in der Hoffnung, diese werde sie davon abhalten, sich in einer niedrigeren Klasse als der, der sie wirklich angehörten, veranlagen zu lassen. Jedoch die Hoffnung trog; denn wenn es um die Besteuerung ging, strebten die Preußen keine hohe gesellschaftliche Position an.

KNABENSTEUER

In den Jahrzehnten, in denen die Osmanen in Südosteuropa vorrückten, herrschten im Heiligen Römischen Reich Deutscher Nation außerordentlich schwierige politische Verhältnisse. Besondere Furcht lösten Berichte über die Verschleppung von Christen außer Landes durch die Türken aus, die ihren Höhepunkt in dem „Knabensteuergesetz" von SULTAN SELIM I. im 16. Jahrhundert fand. SULTAN SELIM I. ließ Christenknaben im Alter von 10 – 15 Jahren ausheben und zum Islam zwangsbekehren. In Kadettenanstalten ausgebildet, ging aus den entführten Kindern die gefürchtete Elitetruppe der „Janitscharen" hervor.

Janitscharen-Tschausch,
Furier einer Oda in Zeremonien-Kleidung, 1750;
Aus: Collection des prospects et habillemens en Turquie / Ph. F. von Gudenus.

KOPFSTEUER / POLL TAX

Bei der Kopfsteuer zahlt der Arme die gleiche Summe wie der Reiche ohne Berücksichtigung persönlicher Verhältnisse wie Einkommen, Vermögen, Familienstand etc. Damit war keineswegs der Stein der Weisen in der Steuerpolitik gefunden worden, denn diese hat bereits bei den Persern, Ägyptern und Römern Widerstand hervorgerufen und war bis in die Neuzeit ein Zei-

K

chen von Unfreiheit. Die „poll tax", so steht in der „American People's Encyclopedia", *„tauchte in der Geschichte sporadisch als Strafabgabe auf, die unterjochten Völkern abverlangt wurde......... In den Vereinigten Staaten spielte sie ihre Rolle bei der Entrechtung der Neger in den Südstaaten."*
Der Versuch, die „poll tax" in England einzuführen, endete in der großen Bauernrevolte von 1381, was MARGARET THATCHER nicht davon abhielt, die verhasste Kopfsteuer als Kommunalsteuer Ende der 1980er Jahre in Großbritannien wieder einzuführen. Der Erfolg war, dass 18 Millionen Briten sich weigerten, die Steuer zu bezahlen; denn es war ein glatter Verstoß gegen jede Version des Leistungsfähigkeitsprinzips. Die Proteste gipfelten am 31. März 1990 in einer Demonstration mit rd. 70.000 Teilnehmern in London, wobei es zu gewalttätigen Ausschreitungen kam. Letztlich war die „poll tax" ausschlaggebend für die Krise und den Rücktritt der Regierung Thatcher.

KREUZZUGSSTEUER

Erste Anfänge einer eigentlichen Steuerwirtschaft entstanden im Mittelalter. Die Kirche gab sich jedoch nicht mit dem „Zehnt" zufrieden, sondern forderte religiös motivierte Sonderabgaben zum Kampf gegen Ungläubige. Unter rücksichtslosen Druck wurden all diejenigen gesetzt, die nicht bereit waren, Kreuzzüge in das Heilige Land mitzumachen. Selbst die Päpste erschlossen sich mit einer förmlichen Kreuzzugssteuer eine bedeutende Einnahmequelle, die so weit führte, dass das Gelübde der Pilgerfahrt nach Jerusalem durch Zahlung einer Geldsumme abgelöst werden konnte. Heftigster Widerstand erhob sich bei der Einführung der Türkensteuer, die wiederum der Rettung des christlichen Glaubens dienen sollte und deshalb manchmal auch „Himmelsteuer" genannt wurde.

INNOCENZ III. wollte die Planung und Durchführung der Kreuzzüge nicht länger den weltlichen Herren überlassen und machte sie zur Sache des Papsttums. Anlässlich des vierten Kreuzzuges, der 1202 begann und 1204 endete, gewährte er all denen den vollen Ablass, die am Kreuzzug teilnahmen und die Kosten dafür während zweier Jahre tragen würden. Ein Teilablass wurde denjenigen gewährt, die sich an den Kreuzzugskosten beteiligten, wobei die Frömmigkeit des Spenders sowie die Höhe des Beitrages eine maßgebliche Rolle spielten. Die von seinem Vorgänger, KLEMENS III.,

Die Kreuzfahrer, Wandgemälde von Wilhelm Kaulbach im Treppenhaus des Neuen Museums zu Berlin, 1871

K

eingeführte Zwangskollekte des Klerus verwandelte er in eine förmliche Kreuzzugssteuer, die jedem Geistlichen mit einem Vierzigsten seiner Einnahmen auferlegt wurde. Aber auch diese *„einmalige Notmaßnahme"* – wie es der Papst verlauten ließ – brachte nicht den erwünschten Erfolg. Deshalb sah sich INNOCENZ III. dazu veranlasst, das Gelübde der Pilgerfahrt nach Jerusalem beim fünften Kreuzzug von 1228 bis 1229 durch Zahlung einer Geldsumme ablösen zu lassen. Damit wurde für die Päpste eine bedeutende Einnahmequelle erschlossen.

Auch andere politische Interessen konnten durch geschickte Argumentation mit den Kreuzzugssteuern finanziert werden, wenn der politische Gegner als Ketzer und als Gefahr für die Kirche hingestellt werden konnte. Damit entarteten die Kreuzzüge zu einem ganz normalen Krieg zwischen europäischen Fürsten, am Ende stand die Besteuerung der Geistlichkeit durch die weltliche Gewalt. Da die Steuer für den Kreuzzug leicht durchzusetzen war und – im Gegensatz zu anderen Sondersteuern – einen hohen Ertrag versprach, wurde sie auch im 14. Jh. weiter missbraucht. Waren die Christgläubigen von der ursprünglichen Idee ausgegangen, dass die eingeforderten Kreuzzugssteuern der Verteidigung der vom Islam bedrohten Christen im Heiligen Land dienten, so machte sich mit der Zweckentfremdung der Gelder unter ihnen Enttäuschung und Wut breit. In der Folge kam ein begründeter Zweifel über den Sinn, den Zweck und die Rechtmäßigkeit der Ketzersteuern auf, die zudem im 15. Jh. dazu verwendet wurden, um die Hussiten zu vernichten.

KRIEGSGELD

Dieses wurde im Kriegsfall ausgeschrieben. Als 1736 CHRISTIAN V. NASSAU-DILLINGEN Kriegsgeld erhob, kam es in 15 Orten zum offenen Aufruhr, zum Klöppelstreit. Nach dem Läuten der Sturmglocke rückten zu Himmelfahrt etwa 100 Bauern mit Hacken, Stechspaten, Schaufeln, Prügeln, Dreschflegeln und Knüppeln gegen ein Exekutionskommando vor, das für Ordnung sorgen sollte. Danach fand vor dem Reichskammergericht ein Prozess gegen die Bauern statt, der im Juni 1736 mit einem vorläufigen Urteil endete, das die aufständischen Untertanen zur Einstellung aller Widersetzlichkeiten verpflichtete und sie aufforderte, die ausgeschriebenen Kriegsgelder bei Strafe von 10 Mark „*löthigen Goldes*" zu entrichten. Die Front der Bauern begann zu bröckeln, als sich erste Gemeinden unterwarfen und versprachen, die rückständigen und künftigen Kriegsgelder zu bezahlen.

Der Klöppelstreit im Jahr 1736 war ein Bauernaufstand in den Ämtern Ellar und Mengerskirchen wegen der Ausschreibung von monatlich 200 Reichstalern Kriegsgeldern durch Christian von Nassau Dillingen.

KRIEGSABGABE FÜR VERMÖGENSZUWÄCHSE

Bei der Kriegsabgabe für Vermögenszuwächse wurde der am 30. Juni 1919 erzielte Vermögenszuwachs dem vom 31. Dezember 1913 vorhandenen Vermögen gegenübergestellt. Der über den Freibetrag hinausgehende Vermögenszuwachs wurde mit einer gestaffelten Abgabe von zehn bis 100 Prozent belegt.

KRIEGSBEITRAG

Während des Zweiten Weltkriegs spielten die Steuern bei der Finanzierung der laufenden Ausgaben eine weit stärkere Rolle als im Ersten Weltkrieg. Am 17. Februar 1939 wurde das Einkommenssteuergesetz verändert. Es fielen einige Pauschalbeträge für Sonderausgaben und Werbekosten ebenso fort wie der Ausgabenabzug für Hausgehilfen. Die Einkommenssteuer für Alleinstehende wurde auf 12,5 Prozent erhöht. Zu Beginn des Zweiten Weltkrieges wurde ein Kriegszuschlag zur Einkommensteuer erhoben, wovon auch das Arbeitseinkommen betroffen war. Ferner wurden Zuschläge auf die Genussmittelsteuer für Tabak, Bier, Branntwein und Schaumwein erhoben. Die Länder und Gemeinden und sonstige Körperschaften des öffentlichen Rechts hatten einen *„Kriegsbeitrag"* zu leisten. Höhere Einkommen und Gewinne wurden – wie schon in der Vorkriegszeit – stärker als die Masseneinkommen belastet, was nicht zuletzt in der Absicht geschah, die Moral der Bevölkerung im nationalsozialistischen Sinne zu beeinflussen.

KRIEGSGEWINNSTEUER

1916 wurde eine Kriegsgewinnsteuer für Kapitalgesellschaften eingeführt, die auf der seit 1913 bestehenden Vermögenszuwachssteuer basierte. Natürlichen Personen wurde eine Vermögenswachstumssteuer abverlangt, die gegen Kriegsende durch eine Einkommenszuwachssteuer abgelöst wurde. 1917 ging die Reichsregierung dazu über, die Kohle und verschiedene andere Verbrauchsgüter mit Steuern zu belegen. Diese steuerpolitischen Maßnahmen trugen dazu bei, dass die Steuereinnahmen stetig anstiegen. 1917 wurden 1,2 Milliarden Mark an Steuern eingenommen und 1918 waren es rd. zwei Milliarden Mark.

Insgesamt deckten die Verbrauchs- und Verkehrssteuern 44 Prozent der ordentlichen Einnahmen. 42 Prozent trugen der Wehrbeitrag und die Kriegsgewinnsteuer bei, 14 Prozent entfielen auf Gewinnabgaben der Reichsbank und der Darlehnskassen. Mit den Steuereinnahmen konnten im Kriegsverlauf ca. 14 Prozent der Reichsausgaben gedeckt werden. 86 Prozent der Ausgaben wurden durch Kriegsanleihen aufgebracht.

KRIEGSSTEUER

Das erste Jahrhundert der Neuzeit (Wende vom 15. zum 16. Jahrhundert) ist von einem ungewöhnlichen Anwachsen der Steuern gekennzeichnet. Die Erfindung und Perfektionierung der Feuerwaffen hatten einen tiefen Wandel im Heerwesen verursacht. An Stelle der alten Vasallenheere traten Söldnerheere, die zu höheren Kriegskosten und zu einem dauerhaften Anstieg der steuerlichen Belastungen führten. Für nicht geleistete Heerpflicht wurden Kriegssteuern von den Obrigkeiten auf die Untertanen umgelegt. Zur Deckung des Finanzbedarfs kamen indirekte Steuererhöhungen auf Wein, Bier, Fleisch und Mehl hinzu. Damit erhöhte sich die traditionelle Belastung der zahlenmäßig am stärksten und am härtesten betroffenen Landbevölkerung um ein Mehrfaches.

In den ersten Kriegsjahren des Dreissigjährigen Krieges wurde deutlich, dass die in den Territorialstaaten angelegten Kriegsschätze und Steuereinnahmen nicht hinreichten. Die Kriegführenden suchten daher nach weiteren Finanzierungsmöglichkeiten. Das erste, worauf sie verfielen, war die Manipulation des Münzgeldes. Kaiser, Fürsten, Reichstädte und kleinere reichsfreie Herren wählten zwei Methoden. Zum einen ließen sie den Feinsilbergehalt zugunsten unedler Metalle reduzieren und zum anderen erlaubten sie die Anzahl der Münzprägestellen zu vergrößern. Die Folge davon war eine Zunahme des umlaufenden Geldes und damit entstand eine Inflation. Nutznießer dieses Vorgehens waren sowohl die fürstlichen Regalherren als auch die Unternehmer, die das Münz- und Wechselgeschäft betrieben. Für letztere war es besonders gewinnbringend, „gute" Münzsorten in die so genannten „kleinen Münzen" einzuwechseln. Diese Geschäftsleute wurden als „Kipper" und „Wipper" bezeichnet. Kipper stand für das Beschneiden vollwertiger Münzen und Wipper für das Aussortieren der schweren Münzen, in dem man sie von der Waage herab kippte, um sie einzuschmelzen. Die ökonomischen Folgen der Münzmanipulation zeigten sich auch und vor allem auf dem Gebiet der Steuern und der feudalen Renten, die in Geldbasis zu entrichten waren. Die mit „langer Münze" beglichenen Steuern hatten ebenso an Wert verloren wie die Zolleinnahmen oder die in Geld gezahlten Renten.

Nachdem sich diese Methode der Kriegsfinanzierung weitgehend erschöpft hatte, wählten die Kriegsparteien eine Finanzierungsart, die größeren Erfolg versprach. Sie beruhte darauf, dass es Privatpersonen übernahmen,

ALBERTUS DEI GRATIA DUX FRIDLANDIÆ SACRÆ CÆSAREÆ MAIESTATIS CONSILIARIUS BELLICUS, CAMERARIUS, SUPREMUS COLONELLUS PRAGENSIS. ET EIUSDEM MILITIÆ GENERALIS.

Wallenstein im Alter von etwa 40 Jahren, Kupferstich von H. Hondius, ca. 1625/28

Söldnerheere aufzustellen, auszurüsten und auch vorzufinanzieren. Diese von Kriegsunternehmern – einer der bedeutendsten war ALBRECHT VON WALDSTEIN (WALLENSTEIN) – geführten Söldnerheere gingen sogar dazu über, die erforderlichen Gelder unter Androhung von Brandschatzung und Plünderung an Ort und Stelle zu beschaffen, wobei kein Unterschied zwischen Freund und Feind gemacht wurde. Die mächtigen Reichsstädte brachten durch die Zahlung von festen Beträgen hohe Steuerleistungen auf, um nicht in indirekte Kriegshandlungen verwickelt zu werden.

Im Absolutismus erwies sich für die Monarchen und ihre Regierungen die Finanzierung von Kriegen als besonderes Problem. Um die finanziellen Mittel für die Kriegsführung aufzubringen, wurden alle Hebel in Bewegung gesetzt. Vorerst stützte man sich auf einen über einen längeren Zeitraum angesammelten Kriegsschatz. FRIEDRICH II. bestritt die Ausgaben für den Ersten und Zweiten Schlesischen Krieg ausschließlich aus dem Kriegsschatz. Die zweite Methode bestand in der Manipulation der Währung, also der Vermehrung von unterwertigem Geld. Als dritte Methode wurde die Erhebung von Sondersteuern in Form von Kriegssteuern und von Kontributionen praktiziert. Die vierte Methode war die Aufnahme von Anleihen und die fünfte Methode war die Beschaffung von Subsidien – Hilfsgeldern – aus dem Ausland.

Die Reichsregierung im Ersten Weltkrieg hat vier Varianten der Kriegsfinanzierung – Kriegsschatz, Steuern, Anleihen, Geldschöpfung – kombiniert angewandt. Erstens konnte man die Kriegsfinanzierung aus einem Kriegsschatz bestreiten, eine Variante, die in der Neuzeit an Bedeutung verloren hatte. Zweitens gab es die altbekannte Methode, diesen mit Steuern zu bezahlen, was jedoch erst mit einer gewissen Zeitverzögerung möglich war. Die dritte Variante war die Finanzierung durch Anleihen, was sich für den Staat als gute, schnell zu beschaffende Quelle erwies. Die unauffälligste Methode war die staatliche Geldschöpfung, die jedoch die brutalste Form der Steuer im weitesten Sinne war.

Im Zweiten Weltkrieg nahmen – neben Steuererhöhungen für höhere Einkommen, Schuldverschreibungen und Geldschöpfung – die Kriegsbeiträge verbündeter und besetzter Länder eine besondere Bedeutung ein.

Angesichts der Kriegsentschädigung von fünf Milliarden Francs, die Frankreich ab 1871 zu zahlen hatte, wundert sich ein Bürger über die Höhe der von ihm verlangten Steuern. Die Entschädigung wurde vor allem zur Rüstungsfinanzierung und zur Tilgung erheblicher Anleiheschulden verwendet. Nach einem Gemälde von Fritz Sonderland.

Von LÄMMERZEHNT bis LUXUSSTEUERN

LÄMMERZEHNT

Der Pfarrer holte sich zu Ostern Zehntlämmer als Naturalabgabe. Dazu musste er alljährlich auf die Höfe gehen und die Zehntlämmer zwischen Ostern und Pfingsten aussuchen und „verzeichnen". Das Auszeichnen „*soll sein niet van den besten und auch niet van den snoetsten...*". Der Abtransport der Lämmer erfolgte zu Bartholomäus (24.-31. August), zwischen Pfingsten und Michaelis (29. September) oder zwischen Jacobi (25. Juli) und Michaelis (29. September).

LATERNENGELD

Eine städtische Abgabe für die Mitte des 18. Jahrhunderts eingeführte öffentliche Beleuchtung mit Öllampen. In Frankfurt/Main war die Laternensteuer seit 1761 von den Hausbesitzern nach der Fassadenbreite der Häuser zu entrichten.

Einen Eingriff in ihre Standesrechte mussten der katholische Klerus und die auswärtigen adligen Hausbesitzer hinnehmen, als eine kaiserliche Verordnung ihnen 1762 infolge ihrer Weigerung befohlen hatte, die Laternensteuer zu bezahlen. Der katholische Klerus hatte die öffentliche Beleuchtung als Eingriff in die göttliche Ordnung betrachtet.

LATRINENSTEUER

Der römische Kaiser VESPASIAN war für seinen Erfindungsreichtum bei der Vermehrung der Staatseinnahmen bekannt. Wegen der hohen Schulden, die ihm Kaiser NERO hinterlassen hatte, führte er eine Latrinensteuer ein. Urin war im ersten Jahrhundert nach Christus ein begehrter Rohstoff für Gerber und so standen an vielen Straßen Amphoren, um den wertvollen Saft einzusammeln.

Sein Sohn TITUS, der die eingeführte Latrinensteuer für unanständig hielt, musste eingestehen, dass die ihm von seinem Vater vorgelegte Münze

L

Öffentliche Latrinen im antiken Ostia

aus dieser Steuer nicht stank, obwohl sie „*aus dem Urin*" stammte. Hieraus ist vermutlich die berühmte Redewendung „pecunia non olet" (Geld stinkt nicht) entstanden.

LEIBZOLL

Das war eine doppelte Akzise, die Juden beim Passieren von Zollstationen zu entrichten hatten. Wie eine Sache oder ein Stück Vieh mussten sich die Juden an den zahlreichen Zollstationen verzollen. Wegen der Zersplitterung der Landesteile und der damit verbundenen Landes-, Provinz- und Stadtgrenzen mussten die Betroffenen diesen Zoll mehrmals am Tage aufbringen.

In der Stadt Wetzlar musste seit 1563 beim Eintritt in die Stadt ein Leibzoll bezahlt werden. In anderen Städten hieß dies verschämt „*Entrée*". In Breslau wurde sogar von denjenigen, die vor den Toren übernachteten, ein „*Schlafkreuzer*" gefordert, der jedoch nicht nur von Juden verlangt wurde.

LICHTERZÜNDUNGSAUFSCHLAG

Juden bzw. *„tolerierte Juden"* mussten noch bis zur Mitte des 19. Jahrhunderts in Österreich Extrasteuern zahlen, so z. B. einen Aufschlag auf Koscherfleisch und Koscheress- und trinkartikel. Es gab einen Lichterzündungsaufschlag, der für jeden Docht eines Lampenlichts, das an einem Sabbat oder Feiertag in der Wohnung einer jüdischen Familie angezündet wurde, 5 Kreuzer betrug. Von jedem der zwei gesetzlichen Lichter betrug er das Doppelte und für Wachslichter und Lichter an besonderen Feiertagen gab es höhere Sätze. Dabei wurde der soziale Gesichtspunkt nicht außer Acht gelassen, denn eine bestimmte Zahl armer Familien wurde von dieser Steuer befreit bzw. halb besteuert. 1847 wurden alle Judensteuern in Österreich aufgehoben.

LUFTGEBÜHR

Im Byzantinischen Reich gab es neben der Grund- und Kopfsteuer mindestens 21 direkte Steuern, die noch ergänzt wurden durch Strafgelder. Dazu zählte z. B. die „Luftgebühr", die erhoben wurde, wenn eine Überbauung stattgefunden hatte. Der Geschichtsschreiber PROKOP verkniff sich die boshafte Bemerkung nicht, die Steuer habe ihren Namen daher, dass sie aus der Luft zugeflogen komme. Darüber hinaus lassen sich mehr als dreißig verschiedene indirekte Steuern anführen, wie z. B. die Verproviantierungsabgabe oder die Ellengebühr für das Nachmessen von Stoffen.

Steuerhinterziehung wurde als doppeltes Kriminalverbrechen angesehen, nämlich als Hochverrat und als schweres Sakrileg. Die Strafen für Steuervergehen müssen drastisch gewesen sein wie der Theologe NIKEPHOROS ausführt: *„Ich sah Menschen, die wegen ihrer Steuern verzweifelt waren, auf hohen und breiten Bäumen, an den Händen angeknüpft, auf weite Strecken hin sichtbar in der Luft hängen. Sie mussten diese harte und gewaltsame Strafe ertragen, da sie nicht in der Lage waren, die Steuern zu bezahlen."* (Schreiner, Peter 1986 S. 70 f)

Um dem Druck zu entgehen, flohen Bürger in die Wälder oder traten die Flucht in die Nachbarschaft des Landes an. Aus Rache gaben sie dann den Landesfeinden Ratschläge, wie diese das byzantinische Land ausrauben konnten.

LUFTSÄULENSTEUER

Mit einer Luftsäulensteuer sollen alle Hausbesitzer belegt worden sein, deren Häuser Balkone oder Erker hatten, die von der Straße aus zu sehen waren. Die Luftsäulensteuer soll ihre Entstehung der Theorie verdanken, dass ein Erker oder Balkon in die Luftsäule hineinreicht, die öffentliches Grundeigentum ist. Die vorstehenden Gebäudeausbuchtungen überschatten den öffentlich einsehbaren Raum und sind daher nach der schattenwerfenden Fläche zu besteuern.

Ganz aus der Luft ist diese Argumentation nicht gegriffen, wie sich aus dem Urteil des BFH vom 14. 12. 1988 (I R 148/87, BFHE 155, 374) ergibt. Ein Pilot bei einer Luftverkehrsgesellschaft hatte begehrt, den Teil des Arbeitslohns, der auf die Zeiten des Überfliegens des italienischen Territoriums entfällt, gemäß dem Abkommen zwischen dem Deutschen Reiche und Italien zur Vermeidung der Doppelbesteuerung und zur Regelung anderer Fragen auf dem Gebiete der direkten Steuern vom 31. 10. 1925 (RGBl. 1925 II, 1146) einkommensteuerfrei zu belassen. Der Bundesfinanzhof gab ihm Recht: *„Die Luftsäule oberhalb der Staatsfläche gehört zum Staatsgebiet. Arbeitseinkünfte des Piloten eines Verkehrsflugzeugs unterliegen daher nach dem Doppelbesteuerungsabkommen mit Italien für die Zeitdauer, in der das Flugzeug sich im italienischen Luftraum befindet, dem Besteuerungsrecht Italiens."*

LUXUSSTEUERN

Einer der herausragenden ökonomischen Wissenschaftler des 18. Jahrhunderts, ADAM SMITH, wusste wovon er sprach: *„Nichts lernen die Regierungen schneller voneinander, als wie man den Leuten das Geld aus der Tasche zieht."* Das gilt insbesondere für raffgierige Herrscher und Regierungen, die die besitzenden und reicheren Klassen mit Luxussteuern belegten.

Es begann in England Mitte des 18. Jahrhunderts mit der Karossensteuer (1747) – der Steuer auf das Privatfuhrwerk für *„Zwecke des persönlichen Genusses"* – und wurde auf die Pferdesteuer – zunächst für Luxuspferde (zum Reiten und Fahren), später auch auf andere Pferde – ausgedehnt. 1777 wurde eine Steuer auf männliche Dienstboten eingeführt mit einem progressiven

Steuersatz, der die steigende Zahl der Bedienten in einem Haushalt berücksichtigte. Bei weiblichen Dienstboten (1785 – 1792) wurde eine Ermäßigung unter Berücksichtigung der Anzahl der Kinder vorgesehen, wohingegen Junggesellen doppelt besteuert wurden. Die Silbergeschirrsteuer bestand von 1756 – 1777 für den Besitz von Silbergeschirr, ebenso wurde der Besitz einer Uhr ab 1797/98 besteuert. In der Kriegszeit wurden diese Steuern erhöht und auf den Gebrauch von Haarpuder, auf Hunde, auf Schlag- und Taschenuhren und auf die Wappenführung ausgedehnt. Die Haarpudersteuer von 1795 war so angelegt, dass jeder Puder-Benutzende jährlich beim Stempelamt eine Lizenz erwerben und dafür 1 Guinee entrichten musste. Jede Person, die ein Wappen braucht oder führt oder Geschirr oder andere Artikel mit Wappen besaß, musste ab 1798 eine Wappensteuer bezahlen.

In Russland hinterließ Zar Peter der Grosse eine Fülle von kuriosen Luxussteuern wie z. B. auf Mützen, Bäder, Hochzeiten, Eichensärge, Stiefel und Bärte sowie auf Verbrauchsgüter wie Gurken, Nüsse und Bienen. Die Finanzbeamten, die aufgrund der gewählten Bemessungsgrundlagen die aufzubringenden Steuern im Einzelnen zu ermitteln hatten, wurden als „Steuerschnüffler" betrachtet und auch so bezeichnet.

Von

MAHL- UND SCHLACHTSTEUER

bis

MUSIKINSTRUMENTEN-STEUER

MAHL- UND SCHLACHTSTEUER

Mahl- und Schlachtsteuer nannte man eine in Preußen 1820 eingeführte Steuer auf in die Stadt eingebrachtes Fleisch und Getreide, die wegen ihrer unsozialen Wirkung starker Kritik ausgesetzt war. Die Mahlsteuer wurde auf das zur Mühle gebrachte Getreide und die in das Steuergebiet eingeführten Fertigwaren erhoben, die Schlachtsteuer auf die zum Schlachten angelieferten Tiere bzw. die eingeführten Fleisch- und Fettwaren. Nicht der Steuer unterlag hingegen das Wildbrett, das wohlhabende Jäger von der Jagd mitbrachten; diese konnten unbehelligt und unkontrolliert vor den Augen der Bevölkerung das Stadttor passieren.

Die Wende kam mit der Märzrevolution 1848: Die Mahl- und Schlachtsteuer wurde aufgehoben. Nach ihrer Wiedereinführung 1851 wurde sie 1873 als Staatssteuer endgültig beseitigt.

MORDSTEUER

Richard von Ely, der berühmte Schatzmeister von König HEINRICH II., hat das älteste bekannte Lehrbuch der Finanzwissenschaft – *„Dialog über das Schatzamt"* – verfasst. Darin verteidigte er nicht nur das Vorrecht des Königs, die Grenzen der Eigentumsordnung zu überschreiten, sondern führte auch eine Vielfalt feudaler Abgaben wie das *„Schildgeld"* zur Ablösung des Kriegsdienstes, die Rodungstaxe für Waldfrevel oder das *„Mordgeld"* auf. Die Mordsteuer hatte jede Gemeinde zu entrichten, auf deren Gebiet sich ein unaufgeklärter Mord ereignete; dagegen blieben aufgeklärte Morde steuerfrei.

MUSIKINSTRUMENTENSTEUER

Im Gemeinderat der Stadt Oberstein wurde in den Sitzungen im Dezember 1920 beschlossen, eine Klaviersteuer zu erheben. Jeder Besitzer eines Klaviers wurde im Rechnungsjahr 1921 zu einer Steuer von 100 Mark veranlagt.

Eintreibung der Mahl- und Schlachtsteuer, zeitgenössische Darstellung. Mahl- und Schlachtsteuer nannte man eine in Preußen 1820 für die größeren Städte obligatorisch, für kleinere fakultativ eingeführte Steuer auf in die Stadt eingebrachtes Fleisch und Getreide.

Wie schwer man sich bei der Festsetzung einer Musikinstrumentensteuer tat, zeigt ein Auszug aus dem Preußischen Archiv von 1921, S. 1096/97:

„Im Hinblick auf die kultur- und kunstschädigende Wirkung einer Besteuerung von Tast-, Streich- und Blasinstrumenten könnten wir uns zwar nicht dazu entschließen, hierzu die Zustimmung zu erteilen, jedoch erklären wir uns bereit, gegen eine Besteuerung der durch mechanische Vorrichtungen (auch elektrisch) betriebenen Musikinstrumente sowie der Grammophone keine Einwendungen zu erheben, soweit sich solche nicht aus den in Kürze zur Veröffentlichung gelangenden reichsrätlichen Vorschriften über die Vergnügungssteuer ergeben und die hauptsächlichen Bestimmungen der beigefügten Musterordnung beachtet werden."

Von NACHTIGALLENSTEUER bis NACHTSTEUER

NACHTIGALLENSTEUER

Zu welch merkwürdigen Blüten die Besteuerungssucht der deutschen Bürokratie im 19. Jh. führte, zeigt die im Jahre 1853 im Großherzogtum Hessen eingeführte Nachtigallensteuer, die als eine Luxussteuer für diejenigen gedacht war, die eine Nachtigall in einem Käfig, vergleichbar mit einem Kanarienvogel, hielten. Gem. § 1 dieser Verordnung hatten Besitzer von Nachtigallen eine jährliche Abgabe von fünf Gulden pro Vogel zu bezahlen, die Befreiung von dieser Abgabe war ausdrücklich ausgeschlossen worden. Bis ins Kleinste wurden die Pflichten des Steuerzahlers und der Steuerbehörde geregelt, jedoch war der Ertrag der Steuer außerordentlich bescheiden. Dies war kein Wunder, denn es wurden im Jahre 1857 lediglich 35 Nachtigallen in Käfigen gehalten. Die Nachtigallensteuer wurde in Hessen bis zum Jahre 1918 erhoben.

NACHTSTEUER

Als besonders belastend für die deutsche Wirtschaft nach dem 1. Weltkrieg erwies sich die Reparationspolitik der Siegermächte im Ersten Weltkrieg. Unter der höchst unbefriedigenden Finanzsituation hatten insbesondere die Kommunen zu leiden. Die Stuttgarter Stadträte kamen auf die Idee, eine „Nachtsteuer" einzuführen. Danach mussten die Wirte in den Wirtschaften, Weinstuben und Nachtlokalen von jedem Gast, der über 23:00 Uhr hinaus im Lokal hocken blieb, eine Nachtsteuer von 15,00 Mark verlangen, wofür der Gast dann eine Nachtsteuer-Marke als Quittung erhielt. Die Stadt Stuttgart führte diese Steuer als erste deutsche Stadt am 27. Oktober 1921 ein, und schon im März 1922 befanden sich 500.000 Mark im Stadtsäckel, und von April 1922 bis März 1923 waren es gar 1.636.086 Mark. Dieser Erfolg ermutigte weitere Städte zur Einführung dieser lukrativen Steuer. Im Dezember 1924 wurde die Steuer wieder abgeschafft – doch nicht für immer. In den Jahren vor dem Zweiten Weltkrieg lebte sie in einigen Städten unter dem Namen „Hockersteuer" wieder auf. Als Quittung erhielten die „*Wirtshaushocker*" im Städtchen Landstuhl statt der Marke einen Zettel mit dem Aufdruck: „*Vom Turm rief schon die Mitternacht, noch kreisen die Pokale. Ihr frohen Zecher wohlbedacht, wer Sitzfleisch hat, bezahle.*"

Von PAPIERSTEUER bis PRINZESSINNENSTEUER

PAPIERSTEUER / ZEITUNGSSTEMPELSTEUER

In England wurde seit 1697 und – nach zwischenzeitlicher Abschaffung – wieder ab 1710 eine Steuer auf alles im Inland produzierte Papier erhoben. Es mehrten sich die Proteste, in erster Linie wehrten sich die Schriftsteller, die Buchhändler und die Leser gegen diese Steuer. Als diese Papiersteuer 1861 aufgehoben wurde, führte dies zu einer erheblichen Steigerung der Papierproduktion.

Die im 18.Jahrhundert in England eingeführte Zeitungsstempelsteuer verteuerte die Zeitungen und führte dazu, dass der Mittelstand und die Arbeiterklasse durch die hohe Belastung von der Wissensvermittlung annähernd ausgeschlossen wurden. Zutreffend wurde diese Steuer auch *„Steuer auf Wissen"* (*„tax on knowledge"*) genannt, die erst im 19. Jahrhundert abgeschafft wurde.

PAULETTE

Die Finanzquellen, aus denen die erheblichen Aufwendungen der französischen Monarchie unter der Regentschaft der ANNA VON ÖSTERREICH, der Mutter von LUDWIG XIV., gespeist werden konnten, waren niemals ausreichend. Als die eingegangenen Steuergelder wiederum nicht ausreichten, um den finanziellen Verpflichtungen des Staates nachzukommen, versuchte der Finanzminister MICHEL PARTICELLI, COMTE D`EMERY zwei weitere Lösungen. Zum einen versuchte er Untertanen dazu zu zwingen eine Leibrente zu erwerben, zum anderen ersann er völlig unnütze Stellen und Titel, die er zum Verkauf anbot. Das waren königliche Räte ohne Amt, Funktionen wie Kontrolleure von Brennholz, königlicher Ausrufer für Weinkauf, königliche Geschworene für Heuverkauf usw.

Um andererseits Ausgaben zu reduzieren, entschied Emery, dass die Anzahl von Parlamentsräten und Beamten, die ihre Tätigkeit ohne staatliche Entgelte ausübten, vergrößert werden soll und dass ein Großteil der Parlamentsräte künftig keine Bezüge mehr erhalten werden. Das hieß, dass die Beamten und Parlamentsräte ihr Privatvermögen aufwenden mussten, um für

P

MESSIRE MICHEL PARTICELLI CHEVALLIE
Seigneur Demery, de Thore et de Tanlay, Conseiller du Roy
en ses Conseils Controlleur General de Ses finances, &c

die Regierung arbeiten zu dürfen. Um diese Art der staatlichen Sparsamkeit attraktiv zu machen, wurde die Erblichkeit der Posten zugesichert. Dafür war jedoch eine Art Versicherungsprämie, die „Paulette" zu entrichten, die dagegen absicherte, dass bei plötzlich eintretendem Tode des Amtsinhabers dessen „office" entschädigungslos an die Krone zurückfiel.

Michel Particelli, Comte d'Emery, französischer Finanzminister unter Ludwig XIV. und Erfinder der Paulette

PERÜCKENSTEUER

Die Perückensteuer wurde 1698 in Berlin mit der Begründung, dass das Tragen dieser künstlichen Haartracht ein Privileg sei, als Luxusbesitzsteuer eingeführt. Von dieser Steuer sollte *„sonst niemand als die Prediger, Schulbediente, Studiosi, Schüler, Kinder unter 12 Jahren, wie auch Unteroffiziere und gemeine Soldaten davon exempt und befreyet seien"*.

Mit Edikt von 1701 wurde die Perückensteuer in Berlin an den Franzosen LAVERDAUGIE auf dessen Anerbieten hin verpachtet; danach wurden alle Perücken auf der „Stempelkammer" taxiert und mit einer Auflage von sechs Prozent belegt, ausländische Perücken mit 25 Prozent. Da der königliche Stempel, mit spanischem Lack markiert, inwändig angebracht war, sollten die vom Steuerpächter verordneten „Perückenriecher" den Leuten auf der Straße und in den Häusern zur Kontrolle die Perücke vom Kopf abheben. Unruhen und sogar Schlägereien führten schon 1702 zur Aufhebung der Verpachtung.

Alle Einwohner von Berlin wurden nun in Klassen eingeteilt: königliche Minister bis Generalmajor gaben jährlich zwei Reichstaler und 12 Groschen; alle Räte bis Major jeder zwei Reichstaler; Advokaten, Kaufleute, Künstler und dgl. einen Taler und acht Groschen; Prediger, Schulbedienstete und Kinder unter 12 Jahren waren ausgenommen. Im Jahr 1704 wurde verordnet, „dass außer Berlin in allen preußischen Landen diejenigen, welche Perücken und Fontangen tragen, sie mögen seyn weß Standes sie wollen, jährlich 1 Taler zur Accise erlegen sollen". König FRIEDRICH WILHELM I. hob 1717 die Perückensteuer nach einer allgemein verbesserten Einführung der Akzise in den Städten auf.

„Das Mädchenpensionat oder die französifizierte Dame",
1771, Karikatur von M. Darly

PETERSPFENNIG

Der Peterspfennig, ursprünglich zurückgeführt auf eine Schenkung König OFFAS VEN MERCIA im Jahre 787 für die Armen und den Erhalt der Kirchenlichter in Rom, wurde eine wichtige Einnahmequelle des Heiligen Stuhls aus England/Irland, Skandinavien und Polen/Ungarn. Daraus entwickelte sich im 10. Jahrhundert eine jährlich mit einem Denar zu entrichtende Herd- oder Haussteuer bzw. eine Einkunftsbesteuerung der Bevölkerung, die von den Bischöfen im Namen des Königs erhoben und dann nach Rom gesandt wurde. Die Zahlung des Peterspfennigs endete überall im 15. / 16. Jahrhundert. Eine Wiederbelebung erfolgte, als der Kirchenstaat 1860/1870 im Königreich Italien aufging und es zur organisierten Sammlung für den Unterhalt des Papstes kam, die 1871 offiziell als Spende für Bistümer in einer Enzyklika festgelegt wurde.

PFENNIG, gemeiner

Als sich KAISER MAXIMILIAN 1494 im Krieg mit Frankreich befand, sah er sich genötigt, die Reichsstände um Hilfe zu ersuchen. Sie wollten ihm aber nur beispringen, wenn er die längst fälligen Reformen auf den Weg gebracht hätte. Das geschah 1495 auf dem Reichstag in Worms auf Initiative von BERTHOLD VON HENNEBERG, dem Mainzer Kurfürst und Erzbischof. Dazu gehörte auch die erneute Erhebung des „gemeinen Pfennigs". Das war ein Mischgebilde aus direkten Kopf-, Personal-, Standes-, Vermögens- und Einkommensteuern. Mit dem „gemeinen Pfennig" wurden ausnahmslos alle Reichsangehörigen nach festgelegten Sätzen bei einer gewissen Berücksichtigung der individuellen Leistungsfähigkeit belegt. Der „gemeine Pfennig" war die erste allgemeine Steuer in der deutschen Geschichte, mit der das Entstehen einer Reichsverwaltung einherging. Dessen ungeachtet blieb dieser Teil der Reform aufgrund der schwachen Reichsgewalt und der schlecht ausgebauten Reichsverwaltung ohne nennenswerten Erfolg. Der permanente Widerstand einzelner Reichsstände gegen die Reichssteuern konnte nicht gebrochen werden, so dass der „gemeine Pfennig" zwischen 1427 und 1551 wohl elfmal bewilligt und ausgeschrieben, aber nicht ein einziges Mal vollständig beigetrieben wurde. Der „gemeine Pfennig" kam zu früh, denn mit diesem einfachen Steuersystem ließen sich die unzähligen politischen, rechtlichen und sozialen Verschiedenheiten, die zu dieser Zeit in Deutschland herrschten, nicht erfassen. Mit dem „gemeinen Pfennig" wurde zu tief in die territorialen Belange der Fürsten eingegriffen, die ebenso wie die anderen Stände und die „Steuerbürger" eine solche Steuer als Zumutung empfanden und deshalb abwiesen.

PORZELLANZWANGSABGABE

Die Zwangsabnahme von Porzellan aus der Königlichen Porzellan-Manufaktur war eine der berüchtigsten Maßnahmen der Obrigkeit. So mussten Juden bei Eheschließungen, Todesfällen, Hauskäufen, Geschäftsetablierungen, Konzessionsanträgen, bei „Ansetzung" des ersten und zweiten Kindes etc. Porzellan kaufen und zwangsweise in das Ausland exportieren, um dadurch Geld ins Land zu bringen. Da sie wahllos Ware abnehmen mussten, konnten sie auch nicht die Absatzmöglichkeiten gestalten, so dass viele Juden erhebliche Verluste erlitten. Der Ältestenrat der Judenschaften Preußens einigte sich 1787 mit der Regierung unter FRIEDRICH WILHELM II. zur Befreiung von der Ankaufspflicht auf eine Ablösungssumme von 40000 Talern, die von den Berliner Juden auf einmal aufgebracht und anschließend der Bevölkerungszahl entsprechend auf die Juden der preußischen Provinzen umgelegt wurde.

PRINZESSINNENSTEUER

Freiwillige Geschenke an den König entsprachen germanischer Rechtsauffassung. Die Großen des fränkischen Reiches trafen sich alljährlich im Monat März auf dem Märzfeld und legten dem König Geschenke aller Art zu Füßen. Außerordentliche „Geschenke" waren in Form einer „Prinzessinnensteuer" bei Verheiratung der Königstochter üblich. Diese Abgabe gründet sich auf einen Grundsatz des mittelalterlichen Lehnrechts, wonach die Vasallen ihrem Lehnsherrn nicht nur bei der Verheiratung einer Tochter, sondern auch bei einer Auslosung einer Gefangenschaft und bei der Wehrhaftmachung des Sohnes zu einer bestimmten Steuer verpflichtet waren.

Von
REBELLIONSSTEUER
bis
RÖMERMONATE

REBELLIONSSTEUER

Die Rebellionssteuer war eine Sondersteuer in der Grafschaft Glatz/Schlesien, die von den Untertanen zu zahlen waren, die es wagten, die katholische Glaubenshaltung des „Landesvaters" abzulehnen. *„Die Rebellionsgroschen haben ihren Ursprung aus dem 30jährigen Krieg, wie diese ganze Grafschaft der evangelischen Religion zugetan war. Zur Strafe wegen angeschuldigter Rebellion ist diese Abgabe dem Lande auferlegt, und nach völliger Ausrottung der protestantischen Einwohner noch immer bis auf die jetzigen Zeiten beibehalten und bei der Landrentei eingenommen worden."* (Lith, Johann Wilhelm 1766)

REICHSFLUCHTSTEUER

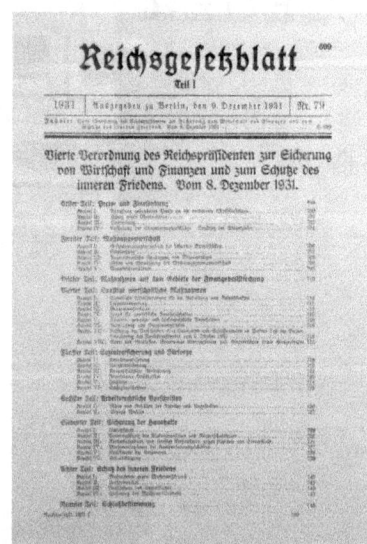

Die Einführung der Reichsfluchtsteuer, Auszug aus dem Reichsgesetzblatt Teil I Nr. 79 vom 9. Dezember 1931.

Das von der NS-Herrschaft propagierte Ziel eines *„judenfreien"* Deutschlands führte ab 1933 zu einer staatlich organisierten Beraubung und Ausplünderung der jüdischen Bevölkerung. Eigentlich hätte es aus Sicht des Regimes nahe gelegen, die Auswanderungsbestimmungen zu lockern, doch tatsächlich war man am Vermögen des wohlhabenden Teils der deutschen Juden interessiert. Die Reichsfluchtsteuer, die am 8. Dezember 1931 von der Regierung BRÜNING eingeführt worden war, um die immense Kapitalflucht ins Ausland aufgrund der Auswirkungen der Weltwirtschaftskrise zu stoppen, wurde am 18. Mai 1934 so abgefasst, dass sie sich vor allem gegen die zur Auswanderung entschlossenen jüdischen Bürger wendete.

Die Reichsfluchtsteuerverordnung vom 8. Dezember 1931 sah vor, dass deutsche Staatsangehörige mit einem Vermögen von über 200.000 RM oder alternativ einem Jahreseinkommen von mehr als 20.000 RM 25 % ihres gesamten Vermögens als Reichsfluchtsteuer zu entrichten hatten, wenn sie ihren inländischen Wohnsitz aufgaben. Im Gesetz über Änderung der Vorschriften über die Reichsfluchtsteuer vom 18. Mai 1934 senkte die nationalsozialistische Reichsregierung den Grundfreibetrag auf ein Vermögen von 50.000 RM. Der Kreis der Steuerpflichtigen wurde damit beträchtlich ausgeweitet und betraf hauptsächlich Juden, die fortwährend benachteiligt wurden oder aus Furcht vor Gewalt ihr Heimatland verlassen wollten. Dieses Gesetz wurde während der nationalsozialistischen Herrschaft sechsmal verlängert und letztmals am 9. Dezember 1942 unbefristet fortgeschrieben. Es wurde in der Bundesrepublik Deutschland erst im Jahre 1953 aufgehoben.

Nach dem Gesetz vom 18. Mai 1934 konnten Finanzämter beim Verdacht einer geplanten Ausreise eine Sicherheitsleistung in Höhe der geschätzten Reichsfluchtsteuer fordern.

Insgesamt zog der nationalsozialistische Staat durch die Reichsfluchtsteuer 941 Millionen Reichsmark ein, die nach Schätzungen zu über 90 % von rassisch verfolgten Emigranten stammen sollen.

REICHSNOTOPFER

Aufgrund *„der äußersten Not des Reiches"* wurde 1919 von dem damaligen Finanzminister MATTHIAS ERZBERGER das „Reichsnotopfer" eingeführt. Das war eine Abgabe für hohe Vermögen, die Steuersätze begannen bei 10% und stiegen bei abgabepflichtigen Vermögen über 7 Millionen Mark auf 65%. Das Reichsnotopfer sollte die umlaufende Geldmenge und die Reichsschulden vermindern, löste jedoch bei den Bürgern große Empörung, Steuerwiderstand und Steuerflucht aus. Die steigende Inflation entwertete die Teilzahlungen, die bis auf 30 Jahre gestreckt werden konnten und scheiterte somit weitgehend. Ab 1923 wurde das Reichsnotopfer durch die allgemeine Vermögensteuer ersetzt, die das Bundesverfassungsgericht mit Beschluss vom 22. Juni 1995 für verfassungswidrig erklärte. Die Vermögensteuer wurde ab 1997 nicht mehr erhoben, das Vermögensteuergesetz ist aber bisher nicht aufgehoben worden.

REPEALSTEUER

In Irland galt – im Gegensatz zu England – das grundsätzliche Mitbestimmungsrecht des Parlaments in Steuerangelegenheiten nicht, da das irische Volk Jahrhunderte lang den englischen Oberherren preisgegeben war. Irland war das ärmste Land Europas. JONATHAN SWIFT bot 1729 in einer boshaften Satire (A Modest Proposal) den Unterdrückern die armen Kinder als Leckerbissen an, um diesen die Qualen des Hungers zu ersparen. Aus dieser ausweglosen Situation heraus entstand eine Untergrundorganisation, der *„katholische Verein"*, der sich gegen die Unterdrücker richtete. Um diese Organisation zu unterstützen, zahlten die Iren ihren Beitrag zur Unterhaltung dieses Vereins. Um die Bestrebungen der Loslösung von England zu unterstützen, zahlte das Volk freiwillig eine Steuer, die *„Repeal-Steuer"*. Mit dieser *„Widerruf-Steuer"* entrichtete das Volk je nach Vermögenslage eine Abgabe, die die *„Widerruf-Gesellschaft"* ins Leben rief und schlagkräftig machte. Diese freiwillige Steuer gab den entscheidenden Anstoß zur Loslösung von der englischen Willkürherrschaft.

RÖMERMONATE

Zur Finanzierung der Romreise von Kaiser MAXIMILIAN (1459-1519) wurde eine Sondersteuer aufgelegt, die meist als Römermonate bezeichnet wurde.

Nach einer komplizierten Matrikel wurden zunächst die Romfahrten des Kaisers, später andere Zwecke finanziert. Als Norm für die Römermonate legte man die Kosten für 4.000 Reiter und 20.000 Fußknechte zugrunde. Da die Unterhaltskosten für einen Reiter mit 12 fl. und für einen Fußknecht mit 4 fl. monatlich berechnet wurden, ergab die Gesamtsumme für einen „Römermonat" 128.000 fl. Bei einer drohenden Gefahr oder zu sonstigen berechtigten Anlässen forderte man die entsprechende Anzahl „Römermonate" an, die dann nach dem in der Reichsmatrikel festgelegten Schlüssel umgelegt wurden.

Von
SALADINSZEHNT
bis
STEUERSYSTEM

SALADINSZEHNT

Als es Sultan SALADIN 1187 gelungen war, Jerusalem einzunehmen, rief Papst GREGOR VIII. zu einem weiteren Kreuzzug auf. Um ihn finanzieren zu können, ließen die beiden Könige HEINRICH II. und LUDWIG VII. die berühmteste Kreuzzugssteuer, den „Saladinszehnten", ausschreiben. Darin wird erklärt:

„Wer das Kreuz nimmt, Geistlicher oder Laie, ist gemäß päpstlicher Verordnung von allen Sünden, die er gebüßt und gebeichtet hat, kraft der Machtvollkommenheit Gottes und der heiligen Apostel Peter und Paul frei und losgesprochen. Alle, die den Zug nicht mitmachen, Geistliche und Laien, sollen die Zehnten der Einkünfte des laufenden Jahres ihrer beweglichen Güter und ihres ganzen Vermögens, sowohl an Gold als an Silber als an allen anderen Dingen, geben." (zitiert in Möhring, Hannes 1986, S. 90)

Die finanziellen Mittel, die durch die Saladinssteuer aufgebracht wurden, ermöglichten den größten Kreuzzug, der 1189 begann und sich bis 1196 hinzog, dem jedoch gleichfalls nur ein mäßiger Erfolg beschieden war.

SALZSTEUER

Besonders drückend war die in Frankreich auf Salz erhobene Steuer, die „gabelle", die bereits 1341 eingeführt und erst im Jahre 1790 abgeschafft wurde. Diese war vor allem bei den kleinen Leuten außerordentlich verhasst und fiel in verschiedenen Landesteilen aufgrund der unterschiedlichen Salzpreise auch unterschiedlich hoch aus. Salz wurde viel mehr als heute zur Konservierung von Fleisch gebraucht. Die Menschen setzten in Folge der schweren körperlichen Arbeit physiologisch auch mehr Salz um, und auch die Tiere der kleinen Leute benötigten Salz. Da es im Bestreben des Königs lag, den Salzhandel vollständig zu kontrollieren, ließ er königliche Salzmagazine anlegen, in die alles Salz aus den Salinen gebracht wurde. Nur die königlichen Agenten durften das mit einem Steuerzuschlag versehene Salz verkaufen, und jeder Salzverkauf außerhalb der Magazine wurde verboten.

Das Erheben und Einziehen der Salzsteuer lag in den Händen von Steuerpächtern, eine bis ins 18. Jahrhundert hinein vorherrschende Form Abgaben einzutreiben. Diese Verfahren waren einfach und hatten sowohl für den Verpächter als auch für den Pächter große Vorteile. Der Verpächter erhielt von finanzkräftigen Steuerunternehmern Bargeld im Voraus, der Pächter konnte mit staatlicher Autorität ausgestattet rigoros vorgehen, was dazu führte, dass dieser in Stadt und Land verhasst war. Dies ersparte dem Staat den eigenen Beamten- und Überwachungsapparat, die Steuerpächter hingegen beschäftigten eine große Anzahl von Steueragenten, deren Anzahl ca. 7.000 betrug.

Gegen die Salzsteuer wehrte sich das Volk massiv und listenreich. Eine Widerstandsform bildeten die Schmugglergemeinschaften, die die verschiedenen Steuersysteme in den Landesteilen ausnutzten, indem sie Salz von den Landesteilen mit niedrigeren Steuern und Salzpreisen in die anderen Provinzen schmuggelten. Das war nicht ungefährlich, denn jede Zuwiderhandlung gegen die Salzsteuern wurde mit zum Teil grausamen Strafen bedroht, die bis zur Galeeren- und Todesstrafe führen konnten. Damit führte das verhasste Salzsteuersystem mit seiner Entartung zu einem Kleinkrieg zwischen Polizei und der armen Bevölkerung.

SALZMONOPOL

In einem Brief an den Vizekönig LORD IRWIN forderte MAHATMA GANDHI am 2. März 1930 eine Generalrevision des Steuerwesens, weil *„praktisch die gesamten Staatseinnahmen aus den Taschen der Ärmsten"* stammten. Ein derartiges System der Unterschiede gehört *„summarisch abgeschafft zu werden..."*

Seinen Worten folgten Taten. Ein überwältigender Erfolg wurde der legendäre Salzmarsch, mit dem GANDHI das Salzmonopol der Briten brechen wollte. Er griff damit etwas auf, was die Ärmsten in den indischen Haushalten unerträglich belastete. Salz war unentbehrlich sowohl zum Konservieren als auch für die Viehzucht und es wurde von Gerbereien und Färbereien gebraucht. Die Regierung hatte jedoch das Monopol auf die Salzherstellung, eine der bedeutendsten Einnahmequellen. Am 12. März 1930 zog GANDHI – begleitet von seinen Anhängern – zu Fuß an die Küste von Gujarat, um Meerwasser zu kochen und illegal Salz zu gewinnen; Abertausende schlossen sich ihm im Verlauf des Marsches an.

Das erste von GANDHI gewonnene Salz wurde versteigert; der Tatbestand der Steuerhinterziehung war erfüllt! GANDHI und viele seiner Anhänger wurden verhaftet, jedoch breitete sich die Demonstration in ganz Indien aus. Schweigend zogen die Inder vor die staatliche Salzgewinnungsanlage, wo sie ein britischer Offizier darauf aufmerksam machte, dass jede Ansammlung von mehr als fünf Personen verboten sei. Die ca. 3000 Gandhi-Anhänger ignorierten dies und wurden brutal mit Bambusstöcken und Stahlspitzen zusammengeschlagen und sanken mit Schädelbrüchen oder zerschlagenen Armen zu Boden.

Der Salzmarsch wurde ein überwältigender Erfolg, da die britische Regierung zu Gesprächen in London bereit war. Im Herbst 1930 wurde Indien in London der Dominion-Status als sich selbst verwaltende Kolonie zugestanden, wie neun Jahre zuvor auch dem benachbarten Irland.

Mahatma Gandhi und Anhänger auf dem Weg zur Unabhängigkeit während des ersten Salzmarsches 1930.

S

SCHAUFENSTERSTEUER

Im Heiligen Römischen Reich Deutscher Nation waren die Stadträte bei der Auswahl von abgaben- und steuerpflichtigen Objekten sehr kreativ, was in vielen Städten zu unerträglichen Belastungen führte. *„Außer Luft und Wasser kostet in Florenz alles Gebühren"*, so wurde kolportiert. Das war kein Wunder, denn in dieser Stadt gab es u. a. Abgaben für Häuser mit überhängenden Geschossen, Abgaben für das Abschwören einer Fehde, Abgaben für Amtsverweigerung. Selbst eine Art Schaufenstersteuer war zu entrichten, die sich zudem wegen des aufgestellten Sonnendachs vor dem Geschäft im Sommer erhöhte.

SCHAUMWEINSTEUER (SEKTSTEUER)

Die Schaumweinsteuer wurde im Jahre 1902 zur Finanzierung der kaiserlichen Kriegsflotte vom Reichstag beschlossen. Als Begründung wurde angeführt, dass „bei einer so starken Steigerung der Ausgaben für die Wehrkraft des Landes auch der Schaumwein herangezogen werden muß."

Im Jahr 1933 wurde diese zur Ankurbelung der Konjunktur ausgesetzt, jedoch 1939 wieder eingeführt, um die U-Boot-Entwicklung zu fördern.

Obwohl die kaiserliche Kriegsflotte längst untergegangen ist und auch die Kriegsführung des Dritten Reiches nicht mehr unterstützt werden muss, wurde die Schaumweinsteuer nicht wieder abgeschafft und existiert bis heute.

SCHIFFSGELD

Ein besonders gravierendes Beispiel für die Finanzpolitik der englischen Krone war das „Schiffsgeld". Der Generaladvokat des Königs, NOY, hatte in den im Tower aufbewahrten Archivalien eine Akte entdeckt, aus der hervorging, dass in Kriegszeiten unter früheren Regierungen bestimmte Häfen und Seestädte Mannschaften und Schiffe zu stellen bzw. als Ersatz Geldzahlungen zu leisten hatten. Diese Leistungen ließ KARL I. nicht nur in der früheren

Form reaktivieren, sondern im August 1635 unter der Bezeichnung Schiffsgeld als reguläre Steuer für das ganze Land ausschreiben. Generaladvokat NOY hatte Steuerbescheide an einzelne Städte, Geistliche, Pächter und reiche Bürger verschickt, und im Februar 1636 hatten Richter in einem Gutachten festgestellt, dass die Steuer rechtens sei. Gegen diese Steuer erhob sich im Lande heftiger Protest.

JOHN HAMPDEN, ein reicher Landedelmann, der einen Betrag von 0,22 Shilling zu entrichten hatte, ging mit Absicht vor das Schatzkammergericht, um prüfen zu lassen, ob diese Steuer rechtens sei. Das Gericht verurteilte HAMPDEN 1637 zur Zahlung der Steuer, jedoch von den zwölf Richtern, die darüber befanden, hatten sich nur sieben für die Berechtigung der Steuer ausgesprochen. Dieses Gerichtsverfahren löste in England eine heftige Debatte aus, denn es ergab sich aus dem Urteil, dass die Krone berechtigt ist, auch künftig das Eigentum der Bürger willkürlich in Anspruch nehmen zu können.

Die für KARL I. misslichen Umstände – die darin bestanden, dass er sich mit Schottland im Krieg befand und über keine Finanzmittel verfügte – zwangen ihn zurückzustecken. Er musste am 10. Mai 1642 einen Akt unterzeichnen, der dem Parlament mehr Freiheit gab, was zur Folge hatte, dass u. a. das Schiffsgeld aufgehoben wurde.

SEELENSTEUER

Zar PETER I. gelang es 1709 die Schweden zu schlagen. Das war eine wichtige Voraussetzung für seine Reformpläne, die erhebliche Finanzmittel erforderten. Um diese aufzubringen, war es erforderlich, die Bevölkerung des Russischen Reiches zu erfassen, was durch fünf Volkszählungen, sogenannte *„Revisionen"*, erreicht wurde. Die *„Anzahl der Köpfe"* wurde ermittelt, die wiederum die statistische Grundlage für die im Jahre 1718 eingeführte Besteuerung bildete. Auf dieser Basis wurde eine Steuer für *„Seelen männlichen Geschlechts"* erhoben. Um diese Kopfsteuer eintreiben zu können, erklärte PETER I. alle Bauern zu „hörigen" Bauern, um eine Nivellierung der ländlichen Bevölkerung zu erreichen. Damit wurde den Grundherren das Recht zugestanden, über das Hab und Gut „ihrer" Bauern zu verfügen, was ohnehin schon seit längerem deren Forderung war. Gleichzeitig waren die Grundherren verpflichtet, die Kopfsteuern einzutreiben und an die Finanzverwaltung abzuführen.

Um das Volumen der zu erhebenden direkten Steuer zu ermitteln und die Steuertarife festzulegen, ging man vom Ausgabenbedarf des Staates aus: „Man berechnete die Ausgaben für die Armee auf ungefähr 4 Millionen Rubel, schätzte die männliche Bevölkerung vorläufig auf 5 Millionen Seelen und verordnete im Jahre 1722 ... die Erhebung einer Steuer von 80 Kopeken pro Seele." (Katzenelsohn 1913, S. 70 ff)

SOLIDARITÄTSZUSCHLAG (SOLI)

Die Einführung des Solidaritätszuschlags 1991 wurde vorwiegend mit den Kosten der Deutschen Einheit, aber auch mit zusätzlichen Kosten für den Golfkrieg begründet. Da dieser einst als Ergänzungsabgabe eingeführt wurde, heute sich jedoch als eine Dauersteuer darstellt, wurde die Verfassungsmäßigkeit seit vielen Jahren kontrovers diskutiert. Der Bund der Steuerzahler rief 2006 das Bundesverfassungsgericht an, das am 8. 9. 2010 entschied, dass Ergänzungsabgaben aus verfassungsrechtlichen Gründen nicht befristet werden müssen. Damit wurde der Vorstoß des Niedersächsischen Finanzgerichts gegen den Solidaritätszuschlag zurückgewiesen.

Im Jahr 2013 hat das Niedersächsische Finanzgericht dem Bundesverfassungsgericht einen erneuten Vorlagebeschluss vorgelegt mit der Begründung, der „Soli" sei verfassungswidrig, weil gleichgelagerte Sachverhalte ungleich behandelt werden; dies stelle einen Verstoß gegen Art. 3 GG dar. Das Gericht zeigt dies an einem Arbeitnehmerfall auf. Im Beispielsfall leben beide Arbeitnehmer in Deutschland, sind beim selben Arbeitgeber tätig und erzielen gleich hohe Einkünfte. Der Unterschied besteht darin, dass der eine Arbeitnehmer in Deutschland und der andere nur wenige Meter über die Grenze in einer Zweigstelle in Liechtenstein arbeitet. Durch die Anrechnung der in Liechtenstein gezahlten Einkommensteuer mindert sich die Bemessungsgrundlage für die deutsche Einkommensteuer, was wiederum zu einer niedrigeren Festsetzung des Solidaritätszuschlags führt. Dies ist sachlich aus Sicht des Gerichts nicht zu rechtfertigen. Neuer Anlauf, neues Glück?

Laut einer repräsentativen Umfrage des britischen Markt- und Meinungsforschungsinstitutes YouGov waren Ende September 2013 sowohl die ostdeutschen- (zu 58%) als auch die westdeutschen Bundesbürger (zu 86%) mehrheitlich für eine Abschaffung des Solidaritätszuschlags.

SPATZENSTEUER

Dieses Dekret erließ 1789 der württembergische Herzog KARL EUGEN mit folgendem Rezept: Man fange ein Dutzend lebendiger Spatzen und lasse sich dafür Kreuzer aus der Staatskasse des Bürgermeisteramtes ausbezahlen; wenn der Fang nicht gelingt, so ist in diese Kasse eine Spatzensteuer von 12 Kreuzern zu entrichten.

Der Herzog wollte mit dieser Steuer die Spatzenplage bekämpfen, die sowohl auf den landesherrlichen Fruchtfeldern als auch auf den Zehntäckern, von denen die Untertanen jede zehnte Korngabe abliefern mussten, Schaden anrichteten. Es gelang nur wenigen Untertanen, das Spatzensoll vorschriftsmäßig zu erfüllen, da die Vögel lebend gefangen abzuliefern waren, also nicht mit Armbrust, Schleuder, Steinen oder Katzen zur Strecke gebracht werden durften. So wurde das Spatzengeld zu einer laufenden und beachtlichen Einnahmequelle, die auf den Steuerbescheiden des Herzogtums noch für Jahrzehnte wiederkehrte. In manchen Gegenden gingen die Bürger dazu über, die Tiere zu züchten, um die Prämie einzunehmen.

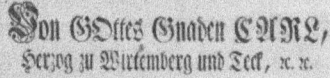

Dekret über die Spatzensteuer, Hohenheim, Württemberg, 1789. Herzog Karl (Eugen) rügt hier das häufige Unterlassen von Maßnahmen, die er „wegen möglichster Ausrottung der so sehr überhandnehmenden und der Landwirtschaft schädlichen Spa(t)zen" angeordnet hatte. An Orten, an denen sich Spatzen vermehrt hatten, war jeder Bürger verpflichtet, ein Dutzend Spatzen zu fangen und (gegen eine Belohnung von sechs Kreuzern) bei der Obrigkeit abzuliefern. Wer dieses Soll nicht erfüllte, mußte 12 Kreuzer an die Amtskasse zahlen.

STEMPELSTEUER

Im Jahr 1765 verabschiedete das englische Parlament zwei gegen die in Nordamerika entstandenen Kolonien gerichtete Gesetze. Das eine Gesetz, die Quartering Act (die Quartierakte) gab der Regierung das Recht, eine unbegrenzte Anzahl Truppen in die Kolonien zu entsenden und bei der Bevölkerung einzuquartieren. Das andere Gesetz war die Stamp Act (die Stempelsteuerakte) mit deren Erträgen die britischen Beamten und das Militär in den Kolonien bezahlt werden sollten. Beide Gesetze stießen in den Kolonien auf Ablehnung.

Obgleich die Kolonisten sich durchaus nicht sträubten zu den Staatsausgaben beizutragen, so wollten sie nicht billigen, dass ein Parlament, in dem das Volk nicht vertreten war – das die englische Aristokratie repräsentierte und in dem kein Siedler Sitz und Stimme hatte – darüber befindet, dass sie Steuern zu zahlen haben. Die perfide Art dieses Gesetzes, nach der für jede Urkunde, jeden Vertrag, jede Druckschrift bei den Behörden ein Papier erworben werden musste, das nur abgestempelt rechtswirksam war, forderte die Kolonisten zum Widerstand heraus. Die Kolonisten beriefen sich dabei auf das allgemeine Natur- und Menschenrecht.

In den Kolonien erhob sich eine stürmische Protestwelle. In Boston hatten die „Söhne der Freiheit" vom 13. bis zum 18. August 1765 Protestdemonstrationen organisiert, die von Gewaltaktionen gegen britische Einrichtungen begleitet waren. Es wurden Häuser englischer Beamten demoliert und Gerichtsakten in Brand gesetzt. Die vom Gouverneur gegen die Aufständischen in Marsch gesetzte Militärabteilung wurde von den Bostonern versprengt. Der Polizeichef, vom Gouverneur um Unterstützung ersucht, beschied diesen mit der Auskunft, dass er seine Beamten nicht mehr zusammenbekomme, und die Zollbeamten verweigerten den Dienst.

Die Vertreter aus den einzelnen Kolonien trafen sich im Oktober 1765 zu einem Kongress, der sowohl einen Beschwerdebrief nach London sandte, als auch einen Widerstand gegen diese Steuer organisierte. Nachdem am 1. November 1765 das Stempelgesetz in Kraft trat, kam es erneut zu Unruhen. Nun weigerte sich jedermann, Stempelpapiere zu erwerben oder sich an der Steuererhebung zu beteiligen. Die Stempelpapiere wurden vernichtet, Akten der Steuereinnehmer verbrannt und deren Einrichtungen zerstört. Die Zivilgerichtshöfe konnten mangels Stempelpapier ihre Sitzungen nicht mehr durchführen, der Seehandel kam zum Erliegen, weil für jede Seefahrt ein Stempelpapier erforderlich war. Fabrikanten in England und dort ansässige Gläubiger der Amerikaner erlitten dadurch größte Verluste.

Der im Juli 1765 an Stelle des bisherigen Regierungschefs vom König berufene MARQUIS VON ROCKINGHAM war wie seine Kabinettskollegen daran interessiert, das Stempelsteuergesetz zurückzunehmen, aber GEORG III. beharrte auf dessen weiterem Bestehen. Um die Situation zu entschärfen, regte der Marquis an, BENJAMIN FRANKLIN die Möglichkeit zu geben, im Parlament die Haltung der Siedler zu erläutern. Der Amerikaner vertrat in London das Parlament von Pennsylvania und erreichte durch seine Argumente und Beredsamkeit einen Stimmungsumschwung im Parlament, so dass es im März 1766 das Stempelsteuergesetz aufhob.

Ein Stempelsteuereintreiber wird verprügelt.
Zeitgenössische Darstellung

STEUERPRIVILEGIEN

Gelenkte Vergünstigungen haben eine lange Tradition. Im Mittelalter wurde das Steuerprivileg der Ritter mit der besonderen militärischen Pflicht begründet, die Steuerfreiheit des Klerus wurde mit der Armut der Mönche erklärt.
Um die Jahrhundertwende vom 19. zum 20. Jahrhundert wurde der Doppelzweck der Besteuerung in die Diskussion gebracht, demzufolge nicht nur der Finanzbedarf öffentlicher Körper zu decken sei, sondern auch einen „nichtfinanziellen" Zweck zu erfüllen habe: eine „sozialpolitische" Aufgabe. Spätestens zu diesem Zeitpunkt entstanden damit „Lenkungssteuern", die das Verhalten der Steuerbürger beeinflussen sollen und sich nicht am Prinzip gleichmäßiger Besteuerung nach der Leistungsfähigkeit orientieren. Nach der neuen sozialen „Durchblutung" des Steuerrechts führten die Auswirkungen der Weltwirtschaftskrise von 1929 und der Massenarbeitslosigkeit zu einer aktiven Wirtschaftspolitik mit Hilfe von Staatsausgaben und Staatseinnahmen, die in den 60er Jahren des vorigen Jahrhunderts mit dem Ausdruck „fiscal policy" belegt wurde. Der neue Staatszweck war jetzt weniger die Umverteilung: Lenkung und Steuerung der Wirtschaft traten in den Vordergrund. Damit war die Saat für die Auseinandersetzungen um die gerechte Steuer bis in die heutige Zeit gesät, denn die Entlastung des einen führt folgerichtig zu einer entsprechenden Mehrbelastung eines anderen.

STEUERREFORM

Sogenannte „Steuerreformen" gibt es seit 5000 Jahren. Zur Steuerreform des Finanzministers SCAEFARIUS unter Kaiser HADRIAN sagte der römische Senator CASPARIUS sarkastisch: „*Zu loben ist diese deine Steuerreform vor allen Steuerreformen, die da waren, sind oder kommen werden. Sie ist modern, gerecht, erleichternd und kunstvoll. Modern, weil jede der alten Steuern einen neuen Namen trägt. Gerecht, weil sie alle Bürger des Römischen Reiches gleich benachteiligt. Erleichternd, weil sie keinem Steuerzahler mehr einen vollen Beutel lässt. Kunstvoll, weil in vielen Worten versteckt wird, ...dem Bürger zu nehmen, was des Bürgers ist.*" (Lang, Joachim / Eilfurt, Michael 2013, S. 3)

An dieser Aussage hat sich bis heute nichts geändert, denn „Steuerreformen" haben die Komplexität der Steuergesetze stets erhöht und führten zur „Chaotisierung des Steuerrechts" (Friedrich Merz). Das deutsche Steuerrecht, so die Deutsche Steuergewerkschaft, ist zu einem *unbeherrschbaren Monstrum verkümmert*.

Die Bundessteuerberaterkammer stellt fest: *„Allein in der 16. Legislaturperiode (2005 - 2009) sind mehr als 50 Gesetzentwürfe vom Deutschen Bundestag beschlossen worden, mit denen das Steuerrecht geändert und verkompliziert wurde."* Das für die Bürger wesentlichste Steuergesetz, das Einkommensteuergesetz, wurde seit 1964 mehr als 260-mal geändert! Dabei werden auch innerhalb einer Legislaturperiode Vorschriften mehrfach geändert, wie sich aus einer Anfrage der Opposition im Deutschen Bundestag ergab: *„Gibt es Vorschriften im Einkommensteuergesetz, die in der 14. Legislaturperiode mehrfach geändert wurden, und falls ja, welche?"*

Antwort der Bundesregierung in der Drucksache 15/1548 vom 16. 9. 2003: *„Ja, mehrfach geändert wurden folgende Vorschriften:*
§1a, §2, §2a, §3, §3c, §4, §4d, §5, §5a, §6, §6a, §6b, §7, §7g, §8, §9, §9a, §9b, §10, §10a, §1 0b, §10c, §10d, §12, §13, §14a, §15, §16, §17, §18, §19, §19a, §20, §21, §21a, §22, §23, §26a, §31, §32, §32a, §32b, §32c, §33, §33a, §33b, §33c, §34, §34b, §34c, §34f, §34g, §35, §36 ,§37, §38a, §38c, §39, §39a, §39b, §39c, §39d, §40, §40a, §41, §41a, §41b, §41c, §42b, §4 2d, §43, §43a, §43b, §44, §44a, §45, §45b, §45c, §45d, §46, §48, §48b, §49, §50, §50a, § 50c, §50d, §51, §51a, §52, §55, §66, §67, §70, §72, §74, §76, §79, §80, §82, §86, §89, §9 0, §90a, §91, §93, §94, §95, §99 sowie die Anlagen 2, 3, 4, 4a, 5 und 5a."

Mit Intelligenz hat die aktuelle Steuergesetzgebung nichts zu tun, denn auch ein hoher Mehrwertsteuer-IQ beantwortet nicht die Fragen, warum Hundefutter 7% Mehrwertsteuer kostet, Babywindeln aber 19% ? Warum Karottensaft stärker besteuert wird als Karotten ? Und warum für Maulesel weniger Mehrwertsteuer anfällt als für normale Esel ? Oder warum Garnelen 7 % Mehrwertsteuer kosten, Langusten aber 19 % ? Warum Medikamente dem vollen Steuersatz unterliegen, nicht jedoch Herzschrittmacher, Implantate, Hörgerate und Krücken ?

Der Sachverständigenrat hat in einem Gutachten zur Begutachtung der gesamtwirtschaftlichen Entwicklung besonders absurde Beispiele aufgespießt: *„So werden Umsätze mit getrockneten Schweineohren regelbesteuert, wenn sie nicht für den menschlichen Verzehr geeignet sind, während genießbare getrocknete Schweineohren – auch wenn als Tierfutter verwendet – dem ermäßigten Steuersatz unterliegen"* (Schäfers, Manfred 2010). Adventskränze würden ermäßigt besteuert, wenn „*frisches Material charakterbestimmend*" sei, aber regelbesteuert, wenn sie aus Trockenpflanzen hergestellt würden. Zur Klarstellung wird in einem Ministeriumsschreiben vom 5. August 2004 darauf hingewiesen, dass Trockenmoos durch Anfeuchten nicht wieder zu frischem Moos werde.

STEUERSÄUMIGKEIT

Im Mittelalter führten die engen Wechselbeziehungen zwischen Bürgerrecht und Steuerpflicht soweit, dass bei Nichtzahlung der Steuern die Häuser der Schuldner eingerissen wurden und der Bürger sein Bürgerrecht verlor. Später wurden diese strengen Repressalien dadurch ersetzt, dass die Häuser bei Zahlungsverzug durch den Rat verschlossen wurden oder die Fenster ausgehängt und im Rathaus verwahrt wurden. Noch später verfügte die Obrigkeit die Vermietung des Hauses, um sich aus den Mieteinnahmen zu befriedigen. Allgemein wurden die Steuern bei Zahlungsverzug auf das Doppelte heraufgesetzt.

Wer in Überlingen nicht pünktlich zahlte, musste als Bürger „*von Stund an*" die Stadt verlassen. In Mühlhausen wurde der Säumige in „*Gehorsam*" gelegt, d. h. er durfte bis zur Zahlung sein Haus nicht verlassen; bei

Maßnahmen gegen säumige Steuerzahler, Holzschnitt von Richard Brend'amour nach Heinrich Merté. Die Szene zeigt den sogenannten Hellwagen (von „helligen" – belästigen, auch pfänden). Mit ihm wurden die ausgehängten Haustüren derjenigen Bürger abtransportiert, die mit ihren Steuern im Rückstand waren.

hartnäckigen Schuldnern ließ der Rat die Türen und Fenster vernageln. In Frankfurt/Main mussten Schuldner 1608 die Stadt bei bitterer Winterkälte verlassen, und 1699 kam es zu einem Handwerksverbot gegen einen säumigen Steuerzahler.

STEUERSYSTEM

Bis auf einige Ausnahmen kann im 21. Jahrhundert im deutschen Steuersystem von Ordnung keine Rede sein. Nach den großen Finanz- und Steuerreformen des Finanzministers MATTHIAS ERZBERGER von 1919/20 ist es nicht mehr gelungen, das deutsche Steuerrecht grundlegend neu zu ordnen oder zu überarbeiten. Das heutige deutsche Steuerrecht ist durch eine Fülle von Bevorzugungs-, Benachteiligungs- und Lenkungstatbeständen gekennzeichnet. Es ist undurchschaubar, verwirrend und widersprüchlich. Der Gesetzgeber und insbesondere die Finanzverwaltung hat das Steuersystem zugunsten des Fiskus immer weiter vervollständigt und durch Nichtanwendungserlasse von finanzgerichtlichen Urteilen und durch Jahressteuergesetze die Rechtsprechung der Finanzgerichte unterlaufen. Die sich daraus ergebenden Lücken im System werden von den wirtschaftsprüfenden und steuerberatenden Berufen zugunsten ihrer Mandantschaft genutzt, so dass die Finanzverwaltung wiederum gezwungen ist, diese Löcher durch neue Regelungen zu flicken.

Auch wenn *„die Weisheit der Menschen bisher noch kein Steuersystem hat ersinnen können, das absolut ausgewogen wäre"* (Andrew Jackson 1767 – 1845, 7. Präsident der Vereinigten Staaten und Gründer der Demokratischen Partei der USA), so gibt es in Deutschland doch eine große Anzahl von Steuerkonzepten, die umgesetzt werden könnten. Ein umfassendes und realistisches Gesamtkonzept hat die unabhängige Kommission „Steuergesetzbuch" seit 2004 erarbeitet und vorgelegt. Bis zum Jahr 2011 haben 70 Experten zur Steuerpolitik Vorschläge für eine Neuordnung und insbesondere Vereinfachung des Steuersystems erarbeitet und 2013 unter dem Titel „Strukturreform der deutschen Ertragsteuern" darüber berichtet.

Von TABAKSTEUER bis TÜRKENSTEUER

TABAKSTEUER

Der Dreißigjährige Krieg war auslösendes Moment für die Verbreitung des Rauchens mit steigender Nachfrage nach Tabak und größer werdenden Anbauflächen. Damit begann der Tabakanbau 1620 in Straßburg, 1660 im Elsaß und 1681 in Brandenburg. Die weltlichen und geistlichen Regierungen belegten das Tabakrauchen mit Strafen, um den als Laster angesehenen Tabakgenuss einzudämmen. Die kurbayerischen Mandate von 1652/53 verboten *„den Bauers- und anderen gemeinen Leuten das Tabaktrinken"*; in Tirol wurde 1658 ein Rauchverbot erlassen, bis die Verbote von der finanzpolitischen Ausnutzung des Tabakverbrauchs für Steuerzwecke abgelöst wurden und der Tabak als eines der steuerfähigsten Verbrauchsgüter erkannt wurde.

TATARENSTEUER

Besonders erfinderisch in der Schaffung neuer Steuern war Zar IVAN (1530-1584) „der Schreckliche". Schon im Gefolge der Reichsbildung in Russland hatte IWAN IV. alle ehemaligen Tribut- und Teilsteuerbefugnisse an sich gezogen. Das betraf die drei alten „Tatarensteuern": die Kopf- und Grundabgaben, die Fuhrgelder für die Beförderung von Beamten und das Lösegeld für die Befreiung von Kriegsgefangenen. Weitere Steuern, wie die „Flintengelder", die „Salpetergelder", die „Festungsgelder" oder die „Schützensteuer" kamen hinzu. Die „Schützensteuer" wurde erhoben, um Soldaten auszurüsten und zu besolden, wobei deren Höhe von militärischen Aktionen bestimmt war.

TAUBENSCHLAGSTEUER

Eine Abgabe, die 1807 in Alt-Württemberg auf Taubenschläge erhoben wurde. Für die Vertilgung schädlicher Vögel sind *„auf jeden mit Feldtauben versetzten Schlag eine jährliche Abgabe von 3 fl., und für Hoftauben, die nicht ins Feld fliegen, die Hälfte dieser Abgabe für die Staatskasse festzusetzen."* (Kammer der Abgeordneten Württemberg 1827, S. 673)

TEESTEUER

1760 bestieg GEORG III., der Enkel des verstorbenen Königs GEORG II., den Thron. Der zweiundzwanzigjährige König von Großbritannien und Irland sowie Kurfürst von Hannover verfolgte gegenüber den Kolonien eine Politik der strikten Abhängigkeit vom Mutterland. Er fand dabei eine Vielzahl von Unterstützern, vornehmlich in der Aristokratie, die das Parlament dominierte.

Das Kabinett unter der Leitung des HERZOGS VON GRAFTON nahm den Lieblingsplan von GEORG III., die Kolonien zu besteuern, auf, verzichtete jedoch nach entschiedenen Protesten in den Kolonien auf die Abgabe im

Widerstand gegen die Teesteuer von 1773:
Eine Schar von Männern, die sich als Indianer verkleidet hatten,
enterte am 18. Dezember 1773 unter Kriegsgeheul Handelsschiffe der britischen
Ostindien-Kompanie und warfen 343 Kisten mit Tee in das Bostoner Hafenbecken.
Dieser Protest wurde bekannt als „Boston Tea Party".
Zeitgenössische Darstellung

T

Allgemeinen und belegte lediglich Tee mit einer geringfügigen Steuer. Das geschah in der Absicht, das Besteuerungsrecht Großbritanniens in den Kolonien weiterhin zu wahren, ohne den Handel insgesamt zu gefährden. Im Parlament erklärte der Lord dazu, dass die Kolonien niemals das gleiche Recht erhalten werden, das im Mutterland gilt. Er versicherte den Parlamentariern, dass die Teesteuer erst aufgehoben werde, wenn Amerika zu Füßen des Ministers und des Parlaments liegen würde.

Dessen ungeachtet blieben die Kolonisten strikt dabei, keine Waren aus Großbritannien zu kaufen, die mit einer Steuer belegt sind. 1770 und 1771 orderten die amerikanischen Großhändler deshalb keinen Tee oder brachten ihn illegal ins Land. Davon war die Ostindische Kompanie, die den Tee nach Großbritannien brachte, betroffen. Um diesen Schaden zu begrenzen, erlaubte die Regierung, dass die Kompanie die – eigentlich in den Kolonien anfallende Teesteuer – in England entrichtet und den Tee in kleinen Mengen durch ihre Vertreter in den Kolonien verkaufen soll. Das geschah in der Erwartung, dass auf diese Weise der Boykott vereitelt und den amerikanischen Großhändlern ein erheblicher Schaden zugefügt werde.

Im Dezember 1773 nötigte der Magistrat von Boston den Kapitänen der eingelaufenen Schiffe das Versprechen ab, den Tee, den sie an Bord hatten, nicht an Land bringen zu lassen. Darüber beschwerte sich der Vertreter der Ostindischen Kompanie beim Statthalter, der daraufhin das Löschen des Tees anordnete. Eine Schar von Männern, die sich als Indianer verkleidet hatten, enterten am 18. Dezember 1773 unter Kriegsgeheul die Schiffe und warfen 343 Kisten mit Tee in das Hafenbecken. Dieser Protest wurde bekannt als „Boston Tea Party" und setzte eine Bewegung in Gang, die letztendlich zur Schlacht von Concord und Lexington führte, die als eigentlicher Beginn des nordamerikanischen Freiheitskampfes angesehen wird.

TEMPELSTEUER

Das jüdische Volk musste nicht nur für die Kosten der römischen Fremdherrschaft aufkommen, sondern unterhielt mit seinen Abgaben den jüdischen Tempelstaat. Schon im Alten Testament sorgte das Volk für den Unterhalt des Tempels und seiner Priester. Zur Zeit Jesu hatte jeder in Israel die „Tempelsteuer" zu entrichten. Diese musste in der alten Landeswährung bezahlt werden, weshalb sich Geldwechsler beim Tempel aufhielten. Obwohl Jesus die Notwendigkeit nicht einsieht, lässt er für sich und seine Jünger die Tempelsteuer bezahlen.

Der unerträgliche Druck der steuerlichen Lasten wie auch verschiedene Provokationen gegen die jüdische Religion führten zur Eskalation. Um fehlende Steuerzahlungen einzutreiben, beschlagnahmte der römische Statthalter CESTIUS GALLUS, einer der Nachfolger des PONTIUS PILATUS, im Jahre 66 n. Chr. Teile des Jerusalemer Tempelschatzes. Den unterdrückten Menschen blieb nur die Möglichkeit, die Steuerzahlungen weitgehend einzustellen – die Schuldregister wurden verbrannt – und sich in unwegsames Bergland und in die Wüste zurückzuziehen. Die Zeloten hingegen kämpften in großen Teilen Judäas gegen die römische Armee. Das von GALLUS entsandte Heer wurde vernichtend geschlagen, was die Kriegspartei unter den Juden endgültig an die Macht brachte. Erst im Jahre 69 konnte der spätere Kaiser TITUS Jerusalem erstürmen und in Folge vollständig zerstören. Zahlreiche Juden wanderten nach diesem vernichtenden Feldzug im folgenden Jahrzehnt aus.

TODFALL

In den Beschwerden und Forderungen der Untertanen im Bauernkrieg von 1525 wurde die Summe der Abgaben und Belastungen als schiere Tyrannei dargestellt. Große Verbitterung löste der sogenannte „Todfall" (Mortuarium) aus. Bei dem Todfall handelte es sich um eine Sterbfallabgabe, die darin bestand, dass der Grundherr die Wahl hatte, einzelne Stücke aus dem Nachlass des verstorbenen Unfreien zu verlangen. Zwar wurde dieses Recht immer weiter eingeschränkt, jedoch blieb die Belastung für einen armen Witwer oder eine Witwe immer noch hoch genug, da das beste Stück Vieh, das beste Gewehr oder das beste Gewand aus dem Nachlass zu erbringen war. Besondere Fälle, *„wo ein Bauer auch bei lebendigem Leib und dazu vielleicht mehrmal nach einander den Fall bezahlen muß, ereignen sich im Fürstlich Oettingischen Amt Spielberg, bei solchen Höfen, die schon vor langer Zeit in zwei Helften getheilt, die Schuldigkeit des Hauptrechts aber ungetheilt auf einem Hof belassen worde, so daß derjenige Halbbauer stirbt, auf dessen Hofshelfte das Hauptrecht haftet, auch sein überlebender Nachbar das nemliche Hauptrecht, wie aus der Verlassenschaft* des Verstorbenen bezahlen muß; hingegen auf den Fall seines eigenen Todes davon jederzeit befreit ist." (Lang, Karl Heinrich 1793/1966 S. 73 f)

Der Abt des Klosters in Salem verlangte...*„den Sonntagsanzug des Toten, seinen Sattel und den Brautschmuck der Witwe... und niemand konnte sich dem widersetzen, weil er jedem, der es wagte, das Abendmahl verweigerte...".* (Schomburg, Walter 1992, S. 252)

Kein Wunder, dass in den bäuerlichen Forderungen die Aufhebung des berüchtigten Heimfallrechts an vorderster Stelle stand.

TÜRKENSTEUER

s. a. Kreuzzugssteuer

1473 ließ FRIEDRICH III. die Türken in der Steiermark und in Kärnten – seit 1424 sein Herzogtum – wüten, ohne etwas dagegen zu unternehmen. Das erboste den Papst und die Kardinäle. Als der Kaiser im Frühjahr 1473 einen Reichstag nach Augsburg ausschrieb, um einen Zug gegen die Türken auszurichten und Papst SIXTUS IV. eine Gesandtschaft zu diesem Reichstag entsenden sollte, äußerte Kardinal FRANZ VON SIENA: *„Es sind schon zehn Reichstage gehalten worden, zu welchen alle Welt eingeladen war, und aus allen ist nichts geworden. Die Fürsten und Herren belasten wegen der Reise zu diesen Versammlungen ihre Untertanen mit unerschwinglichen Steuern; die Sache selbst aber wollen sie nicht, und der Hass des Volkes fällt jetzt auf die Kirche, weil es heißt, nur auf ihr Gebet und ihre Vorteile werde die Türkensteuer erhoben."* (zitiert in Schlosser, F.C. 1849, S. 240)

Als Sultan SULEIMAN II. 1529 Wien belagerte und 1532 gegen die südöstlichen Länder des Reiches vorstieß, gelang es Kaiser KARL V. von den protestantischen Reichsständen die Türkenhilfe zu erhalten.

Ungeachtet der mehrmaligen Erneuerung der Friedensabschlüsse von 1555 und 1664 unterließen es die Türken nicht, nahezu jährlich in das Reichsgebiet einzufallen. Als die Nachricht kam, dass die Osmanen vor Wien stehen, beschloss man in Rom, den Kaiser zu ermächtigen, aus allen Kirchen Schmuck und Gefäße zu nehmen und sie zu Geld umzuschmelzen. Schließlich beendete der Sieg der österreichischen, bayerischen, sächsischen, hannoveranischen, polnischen Heere und der Reichstruppen über die Türken am Kahlenberg bei Wien 1683 die seit fast zweihundert Jahren dem Volk abverlangten Steuerleistungen.

wie

UNGLÄUBIGENSTEUER

U

UNGLÄUBIGENSTEUER

Der Türkensteuer stand auf der islamischen Seite die „Ungläubigensteuer"/ Dschizya gegenüber. Diese war eine Kopfsteuer, die den unter islamischer Herrschaft stehenden Juden und Christen auferlegt wurde. Durch die im Koranwort Sure 9, Vers 9 festgelegte Steuer wurden die *„Ungläubigen"*, die unter muslimischer Obrigkeit Schutz ihres Lebens und ihres Eigentums sowie das Recht auf die freie Ausübung ihrer religiösen Bräuche genossen, zu *„Schutzbefohlenen"*.

Zahlungspflichtig waren erwachsene, geistig und körperlich gesunde und zahlungsfähige Männer. Frauen, Kinder und Bettler, aber auch Mönche armer Klöster waren *dschizay-frei*.

Die Höhe der zu entrichtenden Steuer variierte je nach Region und Epoche des islamischen Reiches. Die Befreiung Steuerpflichtiger von der Dschizya war nur durch Übertritt zum Islam möglich.

Von

WALLFAHRTSTEUER

bis

WHISKEYSTEUER

WALLFAHRTSTEUER

Gelegentlich wurde in mittelalterlichen Städten eine Wallfahrtsteuer gefordert, um der *„frommen Wanderlust"* ihrer Bürger Schranken zu setzen, *„denn die Pilgerfahrten konnten bei den unruhigen Zeiten die Gemeinwesen leicht in politische und gar kriegerische Verwicklungen stürzen."* 1468: *„In diesem Jahr war abermalen eine Aken-Fahrt. Es ward den Bürgern von Göttingen ganz heftig verboten, Frauen und Mannen, dann es noch viele Krieges war hin und wider in allen Landen..."* (zitiert in Schomburg, Walter 1992, S. 402)

WARENHAUSSTEUER

Ende des 19. zu Beginn des 20. Jahrhunderts wurden Gebäude und Wohnungen mit kunstgewerblicher Ausschmückung von Einzelkunstwerken, Deckengemälden etc. als Warenhäuser betrachtet und mit drei von Hundert des kunstgewerblichen Gesamtumsatzes zur Steuer herangezogen. In der Regel handelte es sich um Sonderumsatzsteuern, die dem Schutze des gewerblichen Mittelstandes vor der als übermächtig empfundene Konkurrenz der Warenhäuser dienen sollten.

WEHRBEITRAG

In der Zeit von 1875 bis 1913 stiegen im Deutschen Reich die Ausgaben von 619 Millionen Mark auf 3,4 Milliarden Mark, also um mehr als das Fünffache. Die Steigerung der Ausgaben basierte im Wesentlichen auf der Entscheidung, aktiv Weltpolitik zu betreiben und eine Flotte zu bauen. In den Jahren 1897/98 und in den folgenden Jahren erhöhten sich die Rüstungsausgaben so dramatisch, dass diese die vorhandenen Einnahmen überstiegen. Für die Finanzierung der erhöhten Rüstungsanstrengungen wurde 1913 eine einmalige Vermögensabgabe, der sogenannte Wehrbeitrag beschlossen und gleichzeitig eine laufende Vermögenszuwachssteuer zugunsten des Reiches eingeführt. Die Einführung dieser direkten Steuer – und nicht eine Erhöhung der indirekten Steuern - war dem Umstand zu verdanken, dass die SPD in der Reichstagswahl von 1912 einen beachtlichen Stimmenzuwachs zu verzeichnen hatte.

WEHRSTEUER

Am 6. Mai 1880 trat das zweite Reichsmilitärgesetz in Kraft, das die Erhöhung der Friedenspräsenzstärke des Heeres auf 427.274 Mann für sieben Jahre vorsah. In diesem Zusammenhang war der Reichskanzler OTTO VON BISMARCK bestrebt, eine Wehrsteuer von den Wehrpflichtigen zu erheben, die, aus welchen Gründen auch immer, nicht am Wehrdienst teilnahmen. Dieser Gesetzentwurf, am 22. April 1880 eingebracht, löste eine konträre Debatte im Bundesrat und in den Bundesstaaten aus und wurde am 29. März 1881 im Reichstag abgelehnt.

WHISKEYSTEUER

Aufgrund der hohen Verschuldung des Landes führte ALEXANDER HAMILTON als Finanzminister der Vereinigten Staaten am 3. März 1791 eine Steuer auf destillierte Spirituosen und Brennereien ein, die die Farmer in den Frontier Regionen im Westen besonders hart traf, denn Whiskey war für sie die einzige vernünftige Handelsware. HAMILTON glaubte, dass es sich um eine Luxussteuer handele, die am wenigsten zu beanstanden sei, zumal er auch Unterstützung von Sozialreformern hatte, die den Alkoholkonsum eindämmen wollten. Da landwirtschaftliche Produkte nicht rentabel über die Appalachen nach Osten transportiert werden konnten, wurde deshalb von den Farmern in Brennereien Getreide zu Whiskey gebrannt. Whiskey war haltbar, konnte somit auch über längere Strecken rentabel transportiert werden und diente den Farmern als Zahlungsmittel, um ihren Bedarf an dringend benötigten Waren zu decken.

Bei den Siedlern entstand zunehmend der Eindruck, dass die Regierung in Philadelphia sich nicht für ihre Probleme interessierte. Man war nicht gewillt, eine Steuer an eine zentrale Regierung zu entrichten, ohne dafür Gegenleistungen zu erhalten und ließ immer stärker werdende Unabhängigkeitsbestrebungen aufkommen.

W

Bei den Versuchen, die Steuer in den Frontiergebieten durchzusetzen, kam es immer wieder zu gewalttätigem Widerstand. Die Unruhen gipfelten im Sommer 1794 in den Auseinandersetzungen im Allegheny County in Western Pennsylvania. Dort wurde das Anwesen des zuständigen Steuereintreibers General NEVILLE von einer Gruppe aufgebrachter Siedler umstellt. Es kam zu einem Schusswechsel, bei dem einer der Aufrührer durch NEVILLE verletzt wurde, was zur Folge hatte, dass sich die Miliz wieder zurückzog.

Bald darauf umzingelten 500 bis 700 Männer das Anwesen von NEVILLE und zündeten einige Nebengebäude an. Es entwickelte sich ein Feuergefecht, bei dem auf Rebellenseite ein populärer Milizoffizier und ein Revolutionsveteran getötet wurden. Dies war das gewalttätigste Ereignis während des Widerstandes gegen die Whiskeysteuer.

Am 1. August 1794 marschierten ca. 7000 Farmer nach Pittsburgh, um mit Vertretern der Regierung zu verhandeln. Bevor es jedoch dazu kam, forderte Präsident WASHINGTON 12.500 Mann an, um die Rebellion niederzuschlagen. Nach einiger Verzögerung setzte sich diese in Bewegung, stieß jedoch nirgends auf Widerstand, da viele „Rebellen" in die Wildnis geflohen waren. Schließlich wurden einige „Rebellen" verhaftet und nach Philadelphia gebracht, um sie dort zu verurteilen. Nur zwei der Gefangenen wurden verurteilt, später jedoch von Washington begnadigt.

George Washington an der Spitze seiner Truppen vor der Niederschlagung der Whiskey-Rebellion. ca. 1795, zeitgenössische Darstellung

wie

ZEHNT

ZEHNT

Mit dem Zehnten fing es an: *„Alle Zehnten im Lande, beides vom Samen des Landes und von den Früchten der Bäume, sind des Herrn und sollen dem Herrn heilig sein."* (3. Mose 27,30)

Sowohl die religiöse Symbolkraft der 10 Gebote als auch die Fähigkeit der Menschen mit ihren 10 Fingern zählen zu können, führte vermutlich dazu, dass sich die Steuerobrigkeit des „Zehnten" bediente. Der „Zehnte" war keine 10%ige Einkommensteuer, sondern wurde vom Rohertrag ohne erwerbsbedingte Ausgaben berechnet, was zu einer erheblich höheren Belastung der Bevölkerung führte, da z. B. keinerlei Rücksicht auf Missernten genommen wurde.

Bereits im 3. Jt. war es in Mesopotamien mit Hilfe der königlichen Kommissäre und Zehnteinnehmer möglich, die Beitreibung der Steuern durchzusetzen. Deren Macht war so groß, dass diese ab 2900 v. Chr. den „Zehnten" bis zur Hälfte der Ernte heraufsetzen und die *„Strafe der Götter"* ausüben konnten. Einfache Steuerhinterzieher wurden – da sie göttliche Gebote verletzten – Räubern gleichgestellt und mit *„100 Schlägen und 5 offenen Wunden"* bestraft.

Der Einfluss des persischen Priestertums muss tief im persischen Volke verwurzelt gewesen sein. Sie konnten es wagen, dem Kirchensteuerhinterzieher Höllenqualen, dem braven Steuerzahler aber die Wonnen des Himmels in Aussicht zu stellen:

„Wenn gleich Eure guten Werke an Zahl der Blätter und Bäume, die Tropfen des Regens, den Sand der Meeresküste überbieten, helfen sie Euch doch nichts, außer sie sind dem Destur oder Priester genehm. Um das Wohlwollen dieses Wegweisers zur Seligkeit zu erhalten, müsst Ihr ihm pünktlich den Zehnten von allem bezahlen, was Ihr besitzet, von Euren Waaren, Euren Ländereien, Eurem Gelde. Wenn der Destur zufrieden gestellt ist, wird Eure Seele der Pein der Hölle entgehen, werdet Ihr Ruhm in dieser Welt und Seligkeit in jener ernten. Denn die Destur sind die Lehrer der Religion, sie wissen alle Dinge und erlösen alle Menschen." (Gibbon, Edward o. J., S. 160 f)

Der „Zehnt" war die bedeutendste Steuer des Mittelalters, eine Abgabenlast, die durch die Französische Revolution von 1789 und in Deutschland im Wesentlichen erst im 19. Jahrhundert aufgrund der Bauernbefreiung und durch die Revolution von 1848/49 beseitigt wurde.

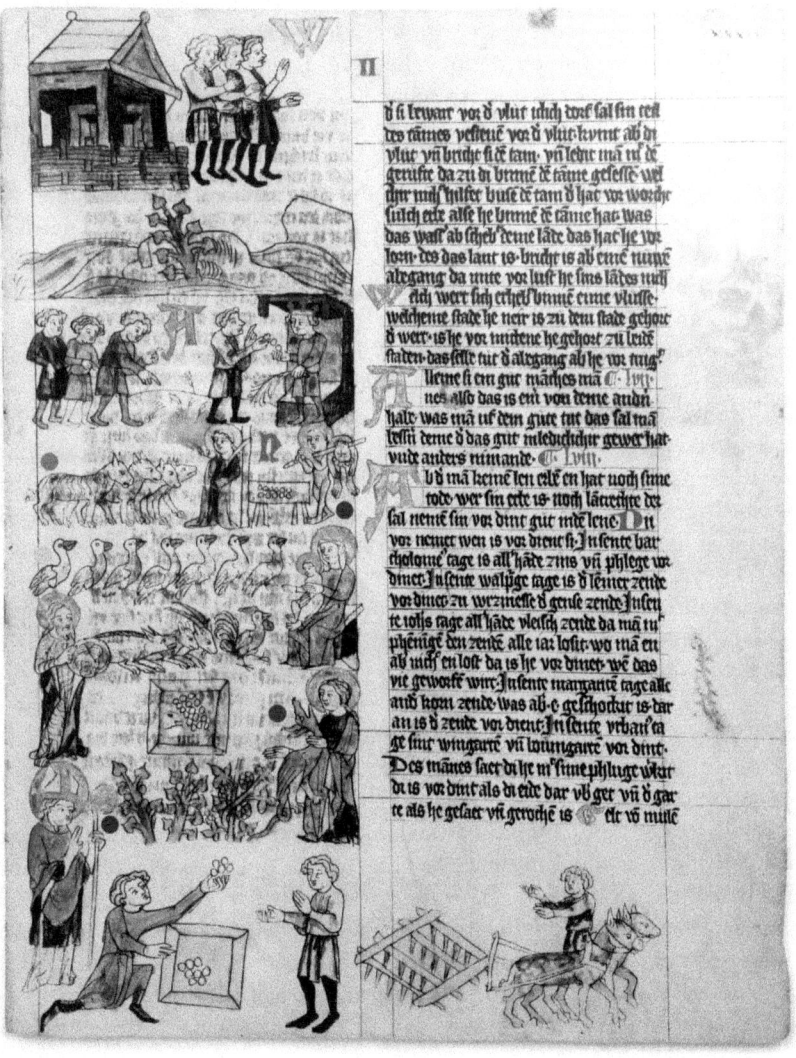

Mittelalterlicher Zehntkalender, aus der Wolfenbütteler Bilderhandschrift des Sachsenspiegels, zweite Hälfte des 14. Jahrhunderts

Z

Der Zehnt war ein wesentlicher Teil des Kirchenvermögens. Die Kirche war am Ertrag der Landwirtschaft besonders interessiert, da eine reiche Ernte automatisch einen reichen Zehnt erbrachte. Deshalb wurden Verbesserungen des Bodenertrages von kirchlicher Seite gefördert. In vielen Gegenden ist der Übergang von der Feldgras- zur Dreifelderwirtschaft auf kirchliche Initiative zurückzuführen.

Im Sachsenspiegel, dem bedeutendsten Rechtsbuch des deutschen Mittelalters sind auf der Seite mit dem Zehntkalender die Termine eingetragen, an denen diese Abgaben fällig waren. Diese ergaben sich aus den Tagen, an denen bestimmte Heilige gefeiert wurden. Die zu leistenden Abgaben waren direkt neben diesen Heiligen abgebildet.

Die Zehntgewalt stellte sich als der wichtigste finanzielle Herrschaftsfaktor der Kirche dar und zeigte sich vor allem in der Durchsetzung von Strafen gegen Zehntverweigerer und säumige Zahler. Exkommunikation, Kirchenbann und das Verbot, die Kirche zu betreten, waren noch die geringsten Strafen; in Sachsen waren harte Strafandrohungen bis zur Todesstrafe auf der Tagesordnung. Die weltlichen Strafen – wie Einrichtung eines Zusatzzehnten oder Inhaftierung bis zur Gerichtsverhandlung – taten ein Übriges, um den Widerstand gegen die Erhebung der Steuern zu verstärken. Der Rechtsvertreter eines Klägers hat die Empfindungen der Steuerpflichtigen einmal auf den Punkt gebracht: *„Quod non capit Christus, capit Fiscus."* (Was Christus nicht nimmt, das nimmt der Fiskus).

Von dem von der Kirche eingenommenen Zehnt wurde nur ein Teil für das Wahrnehmen religiöser Aufgaben verwandt. Der größte Teil der eingenommenen Finanzmittel diente der Papstkirche dazu, auf die weltlichen Angelegenheiten Einfluss zu nehmen. Der parasitäre Konsum der Kleriker war es vor allem, der den Unwillen der Gläubigen hervorrief und immer wieder dazu beitrug, dass die ländliche Bevölkerung und die Stadtbewohner ihren Unmut in Protestaktionen, die zunehmend in Aufständen mündeten, Luft machten. Dies fand schließlich in den Bauernkriegen einen besonderen Ausdruck.

In den Bauernkriegen von 1525 fanden die zwölf Artikel der oberschwäbischen Bauern in fast allen deutschen Aufstandsgebieten Verbreitung. Im zweiten Artikel wird auf die steuerlichen Forderungen eingegangen. Der Großzehnt sollte zur Versorgung der Pfarrer sowie zur Armenunterstützung durch die Gemeinden dienen, der Kleinzehnt gänzlich abgeschafft werden. Wir wollen *„den rechten Kornzehnt gern geben,"...."gebührt es einem Pfarrer, so* klar das Wort Gotts verkindt." „Den kleinen Zehnt wöllen wir gar nit geben, dann Gott der Herr das Vieh frei dem Menschen beschaffen, das wir (ihn) für ein unziemlichen Zehnt schätzen, den die Menschen erdicht haben. Darumb wöllen wir ihn nit weiter geben." (Jonscher, Reinhard 2003 S. 149f)

Luther hat in seiner Schrift „Von weltlicher Obrigkeit, wie weit man ihr Gehorsam schuldig sei" aus dem Jahre 1523 die damalige Situation treffend zum Ausdruck gebracht: „*Gott der Allmächtige hat unsere Fürsten toll gemacht, als sie nicht anders meinen, sie könnten ihren Untertanen tun und gebieten, was sie nur wollen.*"

»Was Christus nicht nimmt, das nimmt der Fiscus.«

LITERATUR

LITERATUR

Baatz, Dietwulf: Gebt dem Kaiser, was des Kaisers ist. Steuern im Römerreich. In: Schultz, Uwe (Hrsg.), Mit dem Zehnten fing es an. München 1986, S. 38-50

Beck, Hanno / Prinz, Aloys: Zahlungsbefehl Von Mord-Steuern, Karussell-Geschäften und Millionärs-Oasen, München 2010

Birjukowitsch W.W. u.a.: Geschichte der Neuzeit, 1. Bd. Berlin 1954

Blickle, Peter: „Der Stürn halb ist unser Beger, uns die zu ringren." Die Bedeutung des Steuerwesens für den Bauernkrieg von 1525. in: Schultz, Uwe (Hrsg.), Mit dem Zehnten fing es an, München 1986, S. 143 - 152

Bringmann, Klaus: Steuern und Fremdherrschaft. Judäa zur Zeit Jesu. in: Schultz, Uwe (Hrsg.) Mit dem Zehnten fing es an, München 1986, S. 51 - 63

2. Buch Mose, Kapitel 1 ff, Luther-Übersetzung Revision 1984

Bundesfinanzakademie im Bundesministerium der Finanzen: Sammlung Steuer. Objektgruppe Steuerarten. „Kuriose Steuern", zusammengestellt von Frau Diplombibliothekarin Dorothea Kaulbach.

Bundesregierungsdrucksache: Nr. 15/1548 vom 16. 9. 2003

Bundessteuerberaterkammer: Steuergerechtigkeit, Planungssicherheit, Praktikabilität. Empfehlungen an den Gesetzgeber. Berlin 2010

Deutsche Geschichte. Bd. 3. Die Epoche des Übergangs vom Feudalismus zum Kapitalismus, Berlin 1983

Elter, Andreas: Streifzug durch die Steuergeschichte. Informationen zur politischen Bildung in: Bundeszentrale für politische Bildung, Heft 288

Feld, Lars: Finanzwissenschaft II: Geschichte der Besteuerung. Vorlesung an der Ruprecht-Karls-Universität Heidelberg, WS 2007/2008

Friedenberger, Martin: Die Rolle der Finanzverwaltung bei der Vertreibung, Verfolgung und Vernichtung der deutschen Juden. In: Martin Friedenberger, Klaus-Dieter Gössel, Eberhard Schönknecht (Hrsg.)Die Reichsfinanzverwaltung im Nationalsozialismus. Bremen 2002

Friedenberger, Martin: Fiskalische Ausplünderung. Die Berliner Steuer- und Finanzverwaltung und die jüdische Bevölkerung 1933-1945. Berlin 2008

LITERATUR

Gesetz über eine Kriegsabgabe vom Vermögenszuwachs vom 10. September 1919, Reichsgesetzblatt 1919 S. 1579

Gesetz über einen einmaligen außerordentlichen Wehrbeitrag vom 3. Juli 1913, Reichsgesetzblatt 1913 S. 505-524

Gibbon, Edward: Geschichte des Verfalles und Unterganges des Römischen Weltreiches. Dt. Ausgabe von Johann Sporschil, Leipzig o. J., Kapitel 7 und 8

Handbuch der Wirtschaftsgeschichte, Bd. 1, Berlin 1981

Henning, Friedrich-Wilhelm: Die nationalsozialistische Steuerpolitik. Programm, Ziele und Wirklichkeit. In: Schremmer, Eckart (Hrsg.)Steuern, Abgaben und Dienste vom Mittelalter bis zur Gegenwart. Referate der 15. Arbeitstagung der Gesellschaft für Sozial- und Wirtschaftsgeschichte vom 14. April bis 17. April 1993 in Bamberg, Stuttgart 1994, S. 197 - 211

Holtfrerich, Carl-Ludwig: Rüstung, Reparationen und Sozialstaat. Die Modernisierung des Steuersystems im Ersten Weltkrieg und in der großen Inflation. In: Schultz, Uwe (Hrsg.), Mit dem Zehnten fing es an, München 1986, S. 200 -208

Homburg, Stefan: Allgemeine Steuerlehre, 5. Auflage, Kap. 2, Geschichte der Besteuerung,

Jonscher, Reinhard: Der Bauernkrieg in Thüringen. Ausstellungsbegleiter. Mühlhauser Museen 2003, S. 100 - 103, 149 - 150

Kammer der Abgeordneten, Württemberg, Protokoll XVIII vom 21. April 1827, S. 673

Kath. Pfarramt St. Nikolaus: Pfarrbrief Ausgabe 03/2007, Wendelstein Weihnachten 2007, S. 1

Katzenelsohn, P.: Zur Entwicklungsgeschichte der Finanzen Russlands. Erster Teil (1560-1796), Berlin 1913, S. 70ff)

Kriegswirtschaftsordnung vom 4. September 1939, Reichsgesetzblatt Teil I 1939, S. 1609-1613

Kumpf, Johann Heinrich: 5000 Jahre Steuern und Zölle. Die Finanzgeschichtliche Schausammlung der Bundesfinanzakademie in Brühl 1996

Kunisch, Johannes: Wallenstein als Kriegsunternehmer. Auf dem Wege zum absolutistischen Steuerstaat. In: Schultz, Uwe (Hrsg.), Mit dem Zehnten fing es an, München 1986, S. 153 - 161

LITERATUR

Lang, Karl Heinrich: Historische Entwicklung der teutschen Steuerverfassungen seit den Karolinger bis auf unsere Zeiten, Neudruck der Ausgabe Berlin und Stettin 1793 in Aalen 1966

Lang, Joachim/Eilfurt, Michael (HG.): Strukturreform der deutschen Ertragsteuern. Bericht über die Arbeit und Entwürfe der Kommission „Steuergesetzbuch" der Stiftung Marktwirtschaft. München 2013

Lith, Johann Wilhelm: Neue vollständig erwiesene Abhandlung von denen Steuern und deren vortheilhafter Einrichtung in einem Lande nach den Grundsätzen einer wahren die Verbesserung der Macht eines Regenten und die Glückseligkeit seiner Unterthanen wirkenden Staatskunst, Ulm 1766

Mann, F. K.: Reichsnotopfer, in: Handwörterbuch der Staatswissenschaften, Bd. 6, Jena 1925, S. 1222-1228

Möhring, Hannes: Geld zum Kampf gegen Ungläubige. Die Finanzierung der Kreuzzüge und die Besteuerung des Klerus. In: Schultz, Uwe (Hrsg.), Mit dem Zehnten fing es an, München 1986, S. 87 - 99

Moraw, Peter: Der „Gemeine Pfennig", in Schultz, Uwe (Hrsg), Mit dem Zehnten fing es an. München 1986, S. 130-142

Orth, Elsbet: Vom Königsschatz und Kataster. Die Entwicklung der Steuern im fränkischen Reich. In: Schultz, Uwe (Hrsg.), Mit dem Zehnten fing es an, München 1986, S. 74 - 87

Paci, Paolo: Kleine Orte mit Geschichte. Historisch kulturelles Erbe abseits der Metropolen. Vercelli 2010, S. 131

Pausch, A. & J.: Kleine Weltgeschichte der Steuerobrigkeit, Köln 1989

Pausch, A. und J.: Kleine Weltgeschichte der Steuerzahler, Köln 1988

Pausch, Alfons: Steuerkuriosa seit Menschengedenken. Trostbilder für Steuerzahler aus fünf Jahrtausenden, Köln 1979 / 1986

Pausch, Alfons: Türkensteuer im Heiligen Römischen Reich Deutscher Nationen, Köln 1986

Pirnat, Karl: Dämon Steuer. Ein Leidensweg der Menschheit, 2. Auflage 1956, Wien und München

LITERATUR

Plug, Andreas: The Whiskey Rebellion. Studienarbeit Norderstedt 2004

Reiche, Dietmar: Vom Hund über den Schwanz in die Gemeindekasse. Steuerberater Magazin 10/2006 S. 23 - 49

Rose, Gerd: Über die Entstehung von Dummensteuern und ihre Vermeidung. in: Festschrift für K. Tipke, 1995, S.153ff.

Schäfers, Manfred: Der schwere Weg der Steuervereinfachung, Union und FDP in der Steuerklemme, FAZ vom 17. 11. 2010

Schauer, Ralf Erich: Die Steuergesetzgebung des Nationalsozialismus als Mittel der Machtpolitik: vom Steuerrecht zum Steuerunwesen, Frankfurt am Main, 2003

Schlosser, F.C.: Weltgeschichte für das deutsche Volk. 18 Bände, Frankfurt 1844 - 1857

Schmitt, Stefan: Erlaubter Raub. www.nzzfolio.ch 02/08 Thema: Steuern

Schmölders, Günter: Bart und Hochzeit, Fenster und Pelze – keine Ende der Steuerbelastung in Sicht. Kuriosa der Steuergeschichte. In: Schultz, Uwe (Hrsg.), Mit dem Zehnten fing es an, München 1986, S. 245-256

Schomburg, Walter: Lexikon der der deutschen Steuer- und Zollgeschichte. Von den Anfängen bis 1806. München 1992

Schreiner, Peter: Zentralmacht und Steuerhölle. Die Steuerlast im Byzantinischen Reich. In: Schultz, Uwe (Hrsg.) Mit dem Zehnten fing es an. München 1986, S. 64 - 73

Schulze, Hagen: Die keineswegs Goldenen Zwanziger Jahre. Steuerpolitik zwischen Inflation und Wirtschaftskrise (1919 – 1932) In: Schultz, Uwe (Hrsg.), Mit dem Zehnten fing es an, München 1986, S. 209 - 218

Sorba, Antal: „Die große Schröpfung". 5000 Jahre Wirtschaft trotz Finanzamt. Düsseldorf und Wien 1970

Steueranpassungsgesetz vom 16. Oktober 1934, RGBl. I. 1934, I, S. 925 / Gesetz über die Finanzierung nationalsozialistischer Aufgaben vom (Datum fehlt), RGBl. I. 1939, S. 561.

Stürmer, Michael: Hungriger Fiskus – Schwacher Staat. Das europäische Ancien Régime. In: Schultz, Uwe (Hrsg.), Mit dem Zehnten fing es an. München 1986, S. 174 - 188

Suchy, Barbara: Vom „Güldenen Opferpfennig" bis zur „Judenvermögensabgabe". Tausend Jahre Judensteuern. In: Schultz, Uwe (Hrsg.), München 1986, S. 114 - 129

LITERATUR

Ullmann, Hans-Peter: Der deutsche Steuerstaat. Geschichte der öffentlichen Finanzen vom 18. Jahrhundert bis heute. München 2005

Van de Pol, Lotte: Der Bürger und die Hure. Frankfurt a. M. 2006, S. 56/57

Verordnung, die Nachtigallen betreffend. Großherzogtum Hessen, 1853

Vogel, Klaus: Verfassungsrechtsprechung zum Steuerrecht, 1999, S. 9-11

Von Müller, Achatz: Zwischen Verschuldung und Steuerrebellion. Die mittelalterliche Stadt an den Beispielen Florenz und Köln. In: Schultz, Uwe (Hrsg.), Mit dem Zehnten fing es an, München 1986, S. 100 - 113

Wagner, Adolf: Steuergeschichte vom Altertum bis zur Gegenwart. Leipzig 1910. Zweite Auflage überarbeitet und erweitert in Gemeinschaft mit Hermann Deite, Reprint Glashütten im Taunus 1973

Wikipedia: Diverse

Witt, Peter-Christian: „Patriotische Gabe" und „Brotwucher". Finanzverfassung und politisches System im Deutschen Kaiserreich. in: Schultz, Uwe (Hrsg.), Mit dem Zehnten fing es an, München 1986, S. 189 - 199

Wolf, Jürgen Rainer: „....zu Einführung einer Gott wohlgefälligen Gleichheit auf ewig...". Steuerreformen im Zeitalter des Absolutismus und der Aufklärung in: Schultz, Uwe (Hrsg.), Mit dem Zehnten fing es an, München 1986, S. 162 - 173

Zedler, Johann Heinrich: Grosses vollständiges Universallexicon aller Wissenschaften und Künste 1731 - 1754, B 39

BILDNACHWEIS

Bundesfinanzakademie im Bundesministerium der Finanzen,
Finanzgeschichtliche Sammlung
S. 15 / 17 / 40 / 45 / 48 / 58 / 60 / 69 / 80 / 90 / 95 / 111

Goethe-Universität Frankfurt
http://edocs.ub.uni-frankfurt.de/volltexte/2007/7684/
S. 52

www.ushistoryimages.com
S. 92

www.wikipedia.com
S. 20 / 22 / 26 / 28 / 32 / 38 / 50 / 54 / 59 / 63 / 75 / 76 / 86 / 99 / 108

springer.com

Zum Teufel mit der Steuer!

Reiner Sahm

5000 Jahre Steuern – ein langer Leidensweg der Menschheit

Jetzt bestellen:
link.springer.com/978-3-658-19014-9

GPSR Compliance

The European Union's (EU) General Product Safety Regulation (GPSR) is a set of rules that requires consumer products to be safe and our obligations to ensure this.

If you have any concerns about our products, you can contact us on

ProductSafety@springernature.com

In case Publisher is established outside the EU, the EU authorized representative is:

Springer Nature Customer Service Center GmbH
Europaplatz 3
69115 Heidelberg, Germany

www.ingramcontent.com/pod-product-compliance
Lightning Source LLC
LaVergne TN
LVHW011007250326
834688LV00004B/111